母愛有多難

她從多重障礙兒身上，看見更真實的自己

李換——著

目次

隨著李換的真實，我也看見真實的自己

花媽（卓惠珠）

一口氣讀完《母愛有多難：她從多重障礙兒身上，看見更真實的自己》，看著李換娓娓敘述的大小事，我也不自覺回到自己陪著孩子成長的過往。

我跟李換除了同樣有一雙相差兩歲的兒女，一家四口的家庭組成外；還曾有類似的訓練經驗，李換接受過張老師培訓，我則是受過生命線訓練；李換是國小老師，我在孩子困頓時，當了幾年同校的國小代課老師。這些雷同讓我倆有很多交集，也讓我倆的教養理念，都本著尊重孩子本心本性的初衷。

我家孩子是資賦優異加上輕度自閉的雙重殊異生，但李換的兒子兔兔則是過動、學障、智能缺損、自閉、癲癇等令人心疼的多重障礙。閒談間我跟李換交換彼此孩子的訊息時，提到她的處遇比我的更艱難，她居然說：「不會啊，兔兔沒有妥瑞症。」就是有這樣接納且開闊的胸襟，所以她帶領的孩子得以溫柔寬厚。

很喜歡李換在書裡提到的：確診前後都是同一個孩子。我常常看到家長在孩子確診自閉症時崩潰的說：「我不相信！」隨即尋求其他醫師，看是否會有不同的結果。「泛自閉類群」之所以叫做類群，就是因為自閉症千差萬別，的確有可能發生A醫師認為不是自閉，B醫師判斷是，C醫師以為不到確診程度。但我跟李換的看法一模一樣，不管是否確診，都是同一個孩子，都有同樣的行為要應對、要處理。

李換面對兔兔的凸槌，抱持著「無事感恩，有事正常」的心情過日子。我也是以「人生不是得到，就是學到」的心態。有一次孩子的導師說她覺得抱歉，沒把事情處理好，才讓孩子在學校崩潰。當時我告訴老師：「如果我的孩子是一般孩子，您就不用這麼麻煩了，謝謝您。」所有跟我們非親非故的人的理解與協助，我們兩位母親都懷抱著無盡感謝。

李換還說：「日常生活就是一個修練場，他是老師，我是學生，教導不曾消停。我們怨著也學著，時間一久，終於懂得『克服』與『順服』。」我完全感同身受。我家孩子念高中的時候，我問自己一個問題：「如果我跟兒子（也是有皇帝命的兒子？）的角色可以互換，我要不要跟他換？」幾乎沒有遲疑，我馬上回應自己：「不要。」剎那間我淚如雨下，原以為自己受盡千辛萬苦、生不如死，直到那一刻，才發現自己還是想當主要照顧者，不想成為自閉症患者。原來我是高傲的，原來最痛苦的是孩子本人。至此我終於懂得「順服」與「謙卑」。

「媽媽好，孩子才會好。」這句話真是親子關係的萬年鐵律，「唯有我強起來，才能穩定應對兔兔這些情緒暴衝。」李換這麼說，我也如是想。兒子國中時，我重度憂鬱，兒子也重度憂鬱，輕度自閉加上重度憂鬱，他嚴重拒學、行為退縮，醫師一度說他已經退化到中度自閉的程度了。當時的我還處在渾渾噩噩之中，個管特教老師曲俊芳陪著我，聽我絮絮叨叨崩潰哭泣。直到走過橫逆，我變好了，兒子也才開始有力氣回到學校。

「在理應享有父母全部的愛的年紀裡，有一個耗盡大人心力的哥哥，她能分到的愛自然少了。再加上哥哥常常失控、媽媽疲累挫敗的戲碼日日在她眼前上演，她小小的心靈也受傷了。……從此她也加入心理諮商的行列中。」在我家裡也有一模一樣的故事，還好心理諮商真的奏效，讓我倆的女兒都能安然。

《母愛有多難：她從多重障礙兒身上，看見更真實的自己》，初看書名時我不特別有感，但讀得愈多，我愈感受到李換的真誠真實，同時，也看見真實的自己。

最後我要說，跟李換一樣，我有許許多多的感謝，感謝醫師，感謝治療師們，感謝老師們，感謝孩子的同學天使們，因為您們的包容與接納，孩子得以順利前行，得以健康平安，謝謝謝您們！

花媽（卓惠珠）：「幫助高功能自閉與亞斯柏格」版主。著有《當過動媽遇到亞斯兒，有時還有亞斯爸》、《山不轉．我轉！：花媽反轉亞斯的厚帽子》等書。被譽為台灣「亞斯教母」。

推薦序

書寫那無言的愛與苦

曾淑美

小學最後一年，我跟著媽媽從北勢湳庄搬到草屯鎮街。升國中的暑假，家附近專做塑膠不倒翁錢筒的家庭工廠貼出紅單徵臨時工，媽媽立刻為我報名，還找來鄰居讀師專的女兒蔡秀英，秀英姊又拉來國中同學，李換。於是，三個少女湊成了小工班。

她倆十七歲，我十二歲。我們拈起毛筆沾染金粉漆，邊描畫一個又一個不倒翁的眉眼鬍鬚，邊聊天：家務事、喜歡的書、看過的電影，以及最最重要的，心儀的男生。談話中，才知換姊也住北勢湳庄，她家在庄頭，我家在庄尾。

兩個月過後，姊姊們回師專上學，我升上草屯國中。從此逢年過節回老家，總是去看換姊，兩人沿著稻田間的小路散步，聊聊近況和家人。她喜歡寫東西，有個很崇拜的哥哥讀文化大學中文系，叫李瑞騰。換姊說，二哥寫新詩，對文學很有研究，常介紹她很棒的書。

時光中不知不覺，換姊畢業了，到中壢龍岡教書，成為很受學生愛戴的老師。我歷經高中、大學，和瑞騰二哥一樣成為寫詩的人，還在戰鬥性十足的《人間》雜誌做記者，最後進入華麗的廣告界。我們的工作和生活，各自朝向完全不同的世界狂奔而去。我在台北擁有小時候作夢也想不到的自由，任性揮霍著一切，返鄉碰到換姊，開始覺得自己也是大人了。

一日，阿換說，要結婚了。像許多準新娘，進入婚姻圍城之前有點忐忑不安，但她決定全心投入。婚禮前，我送她一首自己的詩〈婚歌〉，手寫裱成字幅，當作祝福禮物。

之後幾年我遁入繁忙的創意工作，只知道她生孩子了。有次阿換從桃園來台北開會，我們約在咖啡廳碰面，她說孩子有障礙，帶得很累。我問，那先生呢？她說先生也很累。我當時太年輕，不識人生憂患，自己也還沒養孩子，竟不知從何安慰起。阿換善體人意，並不希望姊妹承受太多無力情緒，話題一轉，分享起和學生相處的快樂經驗。

儘管不常相見，我們從未失去親密的信任感。阿換向來對我是開敞的，知無不言，言無不盡。反而我脾氣剛烈不夠同情，見她生子顧家承受辛苦，簡直心疼到生起氣來：堂堂現代女子，課堂上的傑出教師，怎可如此委屈？其實，那個十七歲的夢幻少女經歷婚姻和育兒的千錘百鍊，早已化為鏗鏘的鋼鐵玫瑰。從生活大大小小的磨難裡，她的心孕育了屬於自己的珍珠。

和阿換再度相逢於二〇一五年。那時從北京回台北不久，零星接著案子，草屯鎮長洪國浩先生邀我編鎮刊，我就拜託已退休的阿換回老家採訪老店鋪，寫成好看的系列報導。我開始想起她之前自謙的，在家裡「為孩子寫點東西」，應是一大寶藏。

其實阿換一直點點滴滴記錄著，陪伴多重障礙孩子所積累的多重壓力，迫使她非寫不可。當她把留存多年、泛黃的刊登剪報，一篇篇攤開在靠廚房的白色餐桌上，我讀到一小段記事，寫著疲憊已極的她，向朋友求助：「學校附近沒有咖啡館，我們在一家冰店吃冰。我沒說什麼話，她安靜地陪著，久久才問：發生了什麼事？」

究竟發生了什麼事，讓一個充滿了愛的母親，受苦到說不出話來？究竟母愛有多難？我忍住幾乎奪眶而出的熱淚，就在那一刻下定決心，一定要鼓勵阿換把那無言的愛與苦從心底拉出來，清清楚楚寫出來，療癒她自己和家人，也安慰同樣愛著的受苦著的父母和孩子——在世界少為人知的困難角落，我們並不孤獨。

二〇一九年起，阿換開始了長達兩年的寫稿長跑，而我從頭到尾忠誠陪跑，直到可敬可愛的靜宜總編和昀臻主編前來接手。她們以極細膩的專業重新鍛鍊阿換，成就了這本感人的書。

一頁一頁的淚笑交織，我讀到更多阿換不曾細述的、照養多重障礙孩子過程中所遭遇的艱辛日常，歷歷如在眼前身邊，那是一個被反覆錘鍊得無比堅韌的母親，試著揭開更多更深的真實，讓自己、也讓有相似境遇的人看見。有時，看見與被看見，便是最深的慰藉。

曾淑美：輔仁大學哲學系畢業。曾任職《人間》雜誌、廣告公司。著有詩集《墜入花叢的女子》、《無愁君》；專書《在世界倒塌前，接住孩子》、《談收養：愛的條件與無條件》與《勇士與彩虹》等。

推薦序

我親愛的小妹

李瑞騰

我含淚讀完這本書，讀到某些情節，掩面而泣，不能自已。

母愛有多難？我親愛的小妹，對你來說，太艱難了！

我親愛的小妹，你原本樂為人母，但這世界怎麼就此暗了下來？因之你必須摸黑行路，沿途不是佈滿荊棘，就是四處泥淖；你一身是傷，但你不願逃跑，靠著一帖又一帖的良藥，靠著一隻貓的力量，靠著豐富的知識和堅強的意志力，你終於像勝利的士兵，歸來了。

從小，你就善體人意，朋友多，有正義感，會照顧人，書也讀得好。你國中畢業，同時考上台中女中和花蓮師專，你選擇了從我們老家南投要翻越幾重山的花蓮，那大約是我北上讀私立大學的時候，昂貴的學費和生活所需，給家裡帶來巨大的經濟壓力，我竟在多年以後，回顧時，才意會到你彼時的心境。有一年去花蓮教育大學評鑑，走進校門時，突然想起這是你的母校，並憶及當年在陽明山趕寫碩士論文之際，決定飛一趟花蓮看你，因那日是你的畢業典禮，我遠遠看到你，即忍不住落淚。

你讀語文組，那是半個中文系；你的文筆好，卻沒走上寫作之路。如今想來，你在小學教書，必然投入，你當然能夠勝任，但養育一個多重障礙的兒子，那是多麼勞心勞力的事。你的自我學習，一切的增能方式，全都以兒子為中心。這書中錄了一些育兒日記，也是一種日常寫作。你日日處在緊繃的狀態，筆下卻能冷靜，可以理解那是情緒平復後，重新面對現實的書寫。

三十多年了，多麼漫長的歲月。每一年春節，你們一家回來草屯老家，一次次，我從你們下車時的神情，兒子女兒在外婆家的狀況，也察覺了一些變化，只是從未聽你有所怨艾，反而看你為家裡大小事費心，尤其是對年邁雙親的照護。我知道，你承擔了過多的責任。

你終於完成了這本人生的大書，你用誠摯的語言文字寫下了養育多重障礙兒的艱難過程，敘述了生活裡諸多的衝突與化解之道；對於一路上陪伴過、協助過你的朋友、同事、醫生、社工等等，你懷恩感念；而今，你也走出去幫助需要幫助的人，我為此感到欣慰。我相信，你的經驗、體會和感悟，必將給身在相近處境的人父人母珍貴的借鏡。

我親愛的小妹，你要持續寫下去，見證天地之缺憾。母氏雖劬勞，卻可補天。

李瑞騰：文化大學中文研究所博士。曾任中央大學中文系系主任、圖書館館長、文學院院長、國立台灣文學館館長。現為中大中文系教授兼人文藝術中心主任、中大出版中心總編輯。著有《詩心與詩史》、《砂拉越華文文學的價值》等書。

你要好，孩子才會好

陳美珠

若兒童在早期即出現社會互動、溝通表達的困難，對某些事物有強烈的執著、要求同一性，依據目前美國精神科診斷標準，可診斷為自閉症類群障礙或泛自閉症障礙（Autism Spectrum Disorder, ASD）。ASD是腦功能異常，屬於神經發展上的障礙，好發於男性，並有較高的遺傳性。

根據美國國疾病管理局（CDC）二〇一五年最新的數據，自閉症類群障礙的流行率為每六十八人即有一名。這數據在過去二十年間快速成長，主因是輕症的診斷率提高。

隨著《母愛有多難：她從多重障礙兒身上，看見更真實的自己》作者李換的書寫，彷彿搭時光機回到三十年前。

當時ICD10（國際疾病與相關健康問題統計分類）及DSM-4（《精神疾病診斷與統計手冊》第四版）的診斷準則都還沒出爐，診斷概念還停留在「源自兒童期的精神病」。那時的教科書告訴我們，自閉症的盛行率是每一萬人有二至五名，和現在比起來真是天壤之別。以前認為自閉症是很嚴重的病，非常難診斷，需轉到資深醫師的特別門診確認。而本書主角「兔兔」就生長在那樣的年代。

當時許多個案總是在家庭、學校與醫院之間遊走，診斷常不一致。對於診斷困難的個案如兔兔，不少醫師都有類似的臨床經驗：同一位醫師在同一份病歷的前後不同時間，記載了不同的診斷名稱，臨床經驗也隨著醫學研究的演進而成長。一如本書作者所經驗的，兔兔確診多重障礙，是個漸進的歷程，從診斷感覺統合失調開始，接著過動、疑學習障礙、自閉症、智能不足，一次次的，像拼圖那般，最後拼出完整的面貌，結果雖然殘酷，但豁然明白比一直在迷霧裡摸索無措來得好。

每一位自閉症者都是獨特的，同一種治療也並非對每個自閉症者都有效，所以沒有萬靈丹。除了教導自閉症兒童的認知和語言問題外，的確還需要用更多時間來提升家長的照護技巧和效能。真正了解自閉症孩子的絕對是他的父母，父母是最好的教練。在日常生活中，用適當方法理解接納孩子的想法和感受，找到可以讓他安心的相處方式，減少情緒暴怒及衝動行為。讓他的個性可以和環境相容，學習在各種場所生存下去的基本技能，並接受自己的特性和侷限。這是一條慢慢摸索學習之路，需要父母、孩子及專業人員攜手努力。

兔兔在桃園療養院兒童青少年精神科追蹤治療近三十年，李換早已是我們治療團隊的夥伴，從相遇、相識、信任到共伴同行；她並且提供兒青團隊許多助益及教養心得，使我們的專業更接地氣，謝謝她。之後，我們仍要繼續一起向前走！

李換在《母愛有多難》中，以自閉症媽媽的角度，記錄兔兔三十多年的成長歲月，互動磨合的點滴，以及學習彼此接納、相互調適體諒的心路歷程。文筆流暢、易讀好看、交流分享、同理共鳴。

書中呈現了自閉症者從小到青壯年，一路學習自我控制、生活適應及獨立自處的軌跡。最難能可貴的還有作者對自我內在的探索與領悟。誠如書中寫到的，媽媽要好，孩子才會好。只有更理解、更善待自己的媽媽，才能陪孩子走得更好、更長遠。

此書不只適合關心身心障礙議題的老師、家長、專業人員及相關領域朋友，也適合一般讀者，是值得細讀慢看、好好思考的書。

陳美珠：兒童青少年精神科醫師。曾任衛生福利部桃園療養院兒童青少年科主任及主治醫師、台大醫院兒童精神科兼任主治醫師、桃園區中等學校心理諮商服務中心駐診醫師、台灣兒童青少年精神醫學會理事等。現為桃園療養院兒童青少年科兼任主治醫師。

世界以痛吻我，要我報之以歌。

——泰戈爾《漂鳥集》

輯一

世界從此暗下

一個母親的誕生

一切才剛起步，我就感覺到當一個母親的艱難，但當時不知道的是，接下來的路，到底有多難，多漫長。

原來只是開始

南投鄉間出生成長，因為家貧而選擇就讀公費師專的我，在自己小小的世界裡，只編織過兩個平凡的夢，一是結婚，要組一個美好幸福的家庭；一是生子，不管男女，都要好好教養，讓他（她）長成有為有守又有情之人。當時那不曾經歷苦楚的心，單純相信「心之所向，身之所往」。

結婚後發現所謂美好幸福原來並不存在，因為從不同環境裡長成的兩個人，在婚姻裡磕磕碰碰出來的凹洞，年輕的我們都不具備智慧與能力去將之補平。婚後第二年，我懷孕了，便一廂情願的想，只要全力以赴，第二個夢總能實現吧。

但人生還真不會一路順遂。懷胎十月，孩子初抵世上的第一關就不順利。羊水早破，子宮頸不開，前後長達二十四小時。每隔幾分鐘的宮縮陣痛讓我不斷哀號，生不如死，幾度痛到崩潰的懇求醫師幫我剖腹，孩子爸爸的手臂被我抓到瘀青……。待產房裡全滿的六張病床，推出去一個產婦，就推進來一個新人，再推出去，又推進來，從黑夜到白天，又從白天到黑夜，只有我像河邊穩穩抓住陸地的磐石，不動。

那是一九八七年的十月九日，原本要取名「國慶」或「雙十」的孩子，硬是等到十一日零時過了才到來。我全身氣力用盡，沒看清他的長相就昏睡過去了。

整整二十四小時的折騰，讓那個原本會任性耍賴、抱怨撒嬌、一悲傷就流淚的女孩的粉紅城堡瞬間傾塌了，另一個名之為「母親」的新世界卻還沒成型。

一切才剛起步，我就感覺到當一個母親的艱難，但當時不知道的是，接下來的路，到底有多難，多漫長。

慢啼的真是大隻雞？

一個全新的小生命，讓我戴上「母親」的冠冕，忘了生產時經歷的痛。孩子是長孫，方頭大臉，長相討喜，符合老人家期待，更贏得眾人疼愛，帶來一家歡慶。

我逐漸克服新手母親的笨拙與焦慮，漸漸的，尿布不再擺錯方向，牛奶不會沖得太燙或太冷。夜裡，他一哭我就醒；白天，餵奶、換尿布、逗弄說話。我執迷的看著、抱著。偶爾吟風弄月的興致一起，就唸詩給他聽，自說自話像個癡人。

他的眼睛彷彿蒙著一層紗，看不準我，只是咿咿呀呀的出聲。

床頭的育兒書我一遍一遍的翻，對照著嬰兒發展表，他總是慢。該會爬的階段，他只肯蹭著屁股挪前挪後；該發出單字的時候，他還是啊啊啊的叫著。

我不是急切，是奇怪，那種母親與孩子親密連接的感覺一直沒出現，像已接上插頭但電不通那般。

終於會拍手了，會站了，會扶著牆前進了，會走來走去了。彷彿久旱迎來幾滴甘霖，我還是高興。

要過第二個生日了，仍不會叫爸爸、媽媽，書上說那是週歲就會有的能力。我寫了許多字卡，散放在家裡各處，走到哪裡唸到哪裡，都是自顧自的唸。

假期回婆家時，他被寶貝得如金似玉，不會叫人不是啥大問題，公婆說：「大隻雞當然慢啼啊！」

但空氣中隱隱流盪著一股煩躁——我的，他的。有時只因拿不到小球，他就生氣得以頭顱去撞地板，額頭腫了個包，他哭，我慌。

朋友介紹了極好的保母，我明白告知孩子所有的情況。保母說：「嘸要緊啦！嘸管啥米款耶囡仔，咱攏是好好飼好好教，兜好啊！」原本浮動不安的心，因為這句飽含著愛與勇敢承擔的話，定錨了。

慌什麼呢？就是好好養、好好教、好好愛而已。

生產後，第一次起了感恩的心，我們幸運遇到一個豁達有智慧的人。

努力照書養

之後的日子，他的發展仍是慢，我繼續努力翻書，企望從中找尋答案。也請問小兒科醫師，都說再觀察，要不，到大醫院檢查。

後來，偶然間讀到一本談感覺統合的書，作者是名醫生，書裡寫著許多和他相似的動作和行為。我直接打電話去醫院找到這位醫生作者。

某個週末，夫妻倆背著他，搭車、轉車，抵達醫生位於新店山邊的住家。醫師和他一起堆積木，教口水直流的他如何吸吮口水，也幫他做測驗，他沒做完就睡著了。

醫生說兒子年紀不足兩歲，能蒐集到的訊息太少，她能看出的是感覺統合中「觸覺區辨力發展不足」，也就是「觸覺遲鈍」。但孩子持續成長，變數很多，現在下定論言之過早，所以「再觀察」是必要的。於是我們又搭車、轉車，一路輾轉回家。

我用醫生教的方式幫他洗澡，一是冷熱水交替，讓他感受不同的水溫；二是用海綿摩搓皮膚，加強對皮膚的刺激。而我當時肚裡已經懷著妹妹，幫他洗一次澡就如打一場仗般，累極了。

攀著又漂走的一根根浮木

兩歲，妹妹也來這世上了，和他作伴。

妹妹很溫順，不添任何麻煩，照著書上描述的發展過程一步步成長，有些項目甚至是超前。

而我更忙、更累。因為他還學不會拿筷子、扣鈕釦、繫鞋帶……，又動個不停，不高興就以頭撞地撞牆，或捶打額頭。每當我深感無力時，就搬出保母的話給自己加油打氣。

我們住在大學的教職員宿舍，附設幼稚園就在旁邊。兩歲半，他只會說四個語詞：爸爸、媽媽、爺爺、奶奶。因為妹妹的到來加重家裡的經濟負擔，為了省些保母費，我讓他包著尿布去上幼稚園。

在那裡，他記不得自己班的老師，隨意闖進別班的教室，老師們很困擾，園長只好親自帶著他。他說的話沒人聽懂，倒是從國外來的小客人——一位客座教授的女兒，和他最要好，聽不懂中文的她，也只認得他的咿咿呀呀。

我繼續帶他上各個醫院，雖然醫生都說再大一點，診斷才較準確，我還是不願等待的，四處找書讀、請教相關人士，因為我必須懂得如何帶他。同時，只要聽說吃什麼有幫助，就積極買來：卵磷脂、魚油、維生素B群；做什麼能改善，就帶著去做，氣功、針灸、穴道按摩、原始點療法……，每一樣都像大海中的浮木，攀著又漂走，攀著又漂走。

彼此信任更值得

三歲，他會說些簡單的詞句了。

我們搬離校舍，擁有自己的房子。離家不遠的幼稚園是之前大學附設幼稚園園長新開設的，幼教理念極好，沒有追趕起跑點的壓力，還幸運遇上一個完全接納他的秀秀老師。他玩得開心，過得優游——除了每週二、五放學後的感覺統合課程。

那是一個私人兒童發展中心開設的課程，我們帶著孩子前去，與創辦人說明孩子大致狀況，並做了大約三十分鐘的評估，果然大部分的項目都落在標準之下。創辦人說會根據孩子落後的發展曲線，規劃一套「視動聽訓練課程」，只要持續做，就會改善。第一次聽到「針對孩子規劃課程」，我以為終於遇到救星。

開始上課後，我觀摩了部分課程。老師一對一教學，內容包括在紙上畫圈圈、畫斜線、走迷宮；不斷的練習拍球、接球、對牆丟接球等。孩子還算喜歡靜態的紙上練習；但上動態課程時，老師冰冷的口令，一定要達到預定目標的要求，顯得枯燥無趣又有壓力，他很不喜歡。

回家做作業時，他願意畫線走迷宮而抗拒拍球。小小年紀就得寫作業，我心裡有點過不去，但一想到「會改善」，便忍著持續進行。

大約有半年時間，他每日放學後踏入家門的第一句話都是：「今天要去嗎？」

「今天星期二，要去。」我說。

「我不要去！」他摔書包、吼叫、撞牆壁。

若我說：「不用去。」

他則是一臉不信：「真的嗎？媽咪，沒騙我？」

時間久了，錢花多了，他除了比較會畫線和拍球，生活上我不知從哪裡去評量有無進步，倒是每天放學後的親子關係糟到令人窒息，我說的任何話都換來他的質疑和排斥。

我在「增加能力」與「親子信任」之間不斷思量：視動聽能力的增長，確實有助於孩子的學習發展，但他的問題真只是這些方面的落後嗎？短短一個小時的會談與評估，就能確定孩子全身心的問題嗎？不快樂的學習，即使能力提升了，性格如何長得好？他這般痛恨媽媽的逼迫，我要怎麼繼續教養？

最終，我決定放棄那可能出現的進步，選擇與孩子重新培養有信任感的關係。

當我告訴他：「不用去，以後都不去了。」他不可置信的眼神讓我的心又痛了一下。但幸好，是最後一次了。他一臉不相信又開心，提著小書包慢慢上樓，兩三階後又停下來問：

「媽咪，真的不用去了嗎？」

「真的，我們只去幼稚園就好了。」

知識就是力量

他更大了，上小學了。

作業簿的格子太小，裝不下他大大的筆畫，我用尺在白報紙上畫更大的格子；彎彎曲曲的ㄅㄆㄇㄈ，他寫得不像，我便在格子裡點虛線，他又哭又罵的照著描。我像重讀一年級般和他一起做每一樣功課。

同時，我繼續尋求答案和協助。

台大醫院診斷是「輕微過動」，我便尋找過動兒的資訊和團體。長庚的醫師說他「感覺統合失調」，我就每週一次帶他去做職能治療，一直到他被運動器材撞擊導致眼睛出血才中止。桃園療養院評估是「學習障礙」，我又去圖書館找與學障有關的各種書刊。中原大學成立特殊教育系，我也去拜訪系上的教授……

一切的一切，都因為我相信知識就是力量，相信我懂得愈多，就愈能幫助他。

可是，他愈來愈討厭我，因為我總是叫他做不好玩的事；我愈來愈歇斯底里，因為有一籮筐一籮筐的事情永遠做不完。為了寫功課，我們夜夜處於戰爭狀態，最後都是我哭，他臣服。

後來，我與老師懇切溝通，抄寫作業的分量減輕，動腦的部分暫時免做。考試時，老師也願意用我出的簡易考題。雖然分數依然不高，但我沒預設標準，他也絲毫不在意。學校生活稱得上愉快，只是看著他經常在校園遊盪，我心裡很不是滋味。起跑點上別人家的孩子在讀書，我的孩子在玩，這怎麼是好呢？

倒是因為作業減量，我堅持要他唸課文，天天唸、週週唸、年年唸，所以認得很多的字。有時去朋友家裡唱卡拉ＯＫ，他還會幫忙點歌，當大家道謝時，他也覺得自己很棒。

許願伴他到老

他開始明顯竄高。長高是一件好事，但我寧願他停留在初來這世界時的模樣，不管白天黑夜，不需行走追逐，不識歡欣挫折。

六年級時，他說要自己刷牙，不再讓我幫他；他也自己整理書包，睡前還將明早要穿的制服放在床邊。第一次不需要做這些事時，我像從一場長長的夢境中醒來，那夢裡時刻繃緊心情應付各種挑戰。沒有什麼是他自然而然就會的，教、教、教，一直在教，想來都覺得累，何況是實踐，但做著做著，竟然也走過來了。

去年他三十四歲生日，疼愛他的佩瑛姊姊帶他去錢櫃唱歌吃飯。他傍晚回家後直喊「好爽，好累，晚餐不吃了。」上二樓後靜悄悄的，直到晚上七點浴室出現流水聲。我知道他睡了、起來了、洗澡了。沒有人能想像這些平凡無奇的日常小事都讓我感到欣慰，不需叫喊，不需提醒，不需說換這件那件衣服……，多棒！過往不斷不斷的「教」，已將基本生活能力與日常節奏植入他的體內，讓他可以更獨立的過著「正常人」的生活。

三十四年的蝸步龜移，有多漫長？那一夜，我在日記本寫下兩句：「長流無聲石給聲，歲月無情人寄情。」

熟識的朋友常說我辛苦了，我想的倒是，一個無從選擇的生命隨著我來到人世，成長得那麼艱難，挫折得那麼莫名，被輕蔑得那麼無辜，他的辛苦比我還多。如果，母親的陪伴是一種撫慰、一種救贖，我衷心祈求老天，讓我長命百歲，陪他到老。

挑起一輩子的重擔

我有些不忍，老人家活了大半輩子，從未聽過「過動症」這個詞，終於盼來的寶貝孫子竟然就是，且智商還有問題，叫他們情何以堪。

兒子兩歲半到六歲之間，我們處在極度混沌的狀態下，為了求得一個明白，我攜著他四處就醫。

台大醫院診斷他是「輕微過動」後，適逢農曆春節，是大家團聚的日子。我思忖著，有必要趁此機會，向家人說明情況，讓孩子有適切且一致的教養方式。

在婆家，兒子是長孫，即使他發展緩慢，在「大隻雞慢啼」的觀念下，公婆小叔們的寵愛程度絲毫未減，甚至因著憐惜而更多。時至今日，這份疼愛對我而言，仍夾雜著複雜甚至矛盾的心情。

這是一個有點特別的家庭，公公在大陸時就讀師範學校，來台後在小學教書，婆婆畢業於日治時代的台中女中，在糖廠當雇員，稱得上是讀書人家庭。

他們生活單純，即使居住市區，社交圈卻極狹小，家人間的互動是日常生活的全部，客廳常是熱熱鬧鬧地，每個人熱切地表達自己，卻似乎總是聽不見旁人說的話。他們對事物的興趣遠遠超過於對人。大家費心琢磨著生活裡的小事小物，不時相互口角衝突，又無礙於彼此緊密相連的親情。

兒子週歲前，因找不到合適的保姆，有半年的時間由公婆照顧，此後二、三十年來，就這麼持續被疼愛著。

家人春節團聚，幼兒自然是全家的焦點，時刻被呵護寵愛著。我看在眼裡，也歡喜他為這個家注入勃勃生氣。

直到大年初一的晚上，先生在房間陪孩子玩，我加入客廳裡的談話陣容，並表示有話要說。那是個罕見的聊天時刻，所有人都闔上嘴，打開了耳朵。

「這孩子有一點問題，你們也看到他的發展比一般孩子慢一些，我們去台大醫院兒童心智科做過評估了，醫生的診斷是輕微過動。」

「過動症的全名是『注意力不足過動症』，它是一種症候群，包含了注意力不足、活動量過大、遇事衝動三種特徵，有些人只顯現其中的一項或兩項，而我們是三種都有。」

「過動症孩子的智商跟一般孩子一樣有高有低，我們孩子在智力方面看起來是偏低的，所以發展比較慢。」

我像介紹產品般，盡量平和的一口氣說完。大夥兒靜默好一陣子。

「怎麼會這樣？這是一種病嗎？能醫好嗎？」公公一臉憂心地問。

「能吃、能睡，都有在長大啊！你們是不是太緊張了？」婆婆一時無法接受地說。

「如果確實有問題，現在醫學這麼發達，難道沒有一個 Key Point 可以切入治療嗎？」小叔問。

「孩子命好，得到你們這麼多疼愛。我懂你們的擔心和期待，也希望是檢查出了錯，但孩子就在眼前，發展的確是慢了，生活上也出了一些問題，我們不能當沒事的過。」

「至於怎麼會這樣，我查過書，也問過醫生，兩個最可能的原因，一個是遺傳，一個是生產過程出了問題。他不是先破水又熬了二十四小時才生下來嗎？這過程也許缺氧或者怎樣了，當時醫生雖然沒說，但不表示沒事。」

「不管怎樣，就是需要更花力氣、更用心教養的了，我生的孩子我絕對負責，不過有一個請求，就是教養權要歸我，你們可以疼可以愛，但規矩要和我一致。」

我真是初生之犢，蠻勇出竅的說了一大串，公婆小叔們不像我做足功課，所以即使不完全接受，也一時無話可說。

但那天夜裡，好不容易哄睡了兩兄妹，客廳傳來了兩老爭論的聲音。我們隔牆安靜細聽。

「你沒有那個基因，那就是說問題在我這邊囉？」婆婆說。

「我也沒說一定是你那邊的問題啊！」公公說。

「不是你，就是我，你還說你沒說。」婆婆生氣了。

先生要我去勸勸，因為我的口才比較好，而且是我把問題提出來的。雖然心底升起一股被戰友推出獨自收拾戰場的孤單感，我還是披衣起身。

「爸媽，怎麼還沒睡？在煩惱孩子的事啊？」我輕聲探問。

「沒有啦，就是不懂怎麼會這樣。」婆婆語氣不悅。

「是想我們這一代都好好的，怎麼會是遺傳？」公公在澄清。

「基因有隱性有顯性，而且有一半是女方的基因，說不定問題出在我們女方這邊，您們就不要再糾結了，早些睡吧。」我平靜的把公婆心中的重擔攬了過來。

「這樣你就要辛苦一點了。」最後婆婆語帶安慰的說。

兩老的臉龐才不再緊繃。基因有問題，對老一輩人來說是極不體面的事，更何況影響的是孩子的一生。一說可能是我方的問題，便讓他們卸下心頭大石。對我而言，眼前最重要的是如何把孩子教養好，追究原因和責任根本無濟於事。

初二一早，我們一家四口準備開車回娘家。公婆下樓相送，婆婆對著孩子又是撥頭髮又是整理夾克拉鏈。我說一聲：「媽，好了啦！」婆婆立刻鬆手。我想，我的話他們聽進去了。

我有些不忍，老人家活了大半輩子，從未聽過「過動症」這個詞，終於盼來的寶貝孫子竟然就是，且智商還有問題，叫他們情何以堪。

想到這裡，我腦海裡跳出了四個字：任重道遠。雙肩上的責任才剛背上，而眼前的路，不知道還有多長。

我想到上面看天空

一直以來帶著他，時時盯著各種細枝末節，處處留意他的言行舉止，都是為了不想讓人拿他的障礙來嘲笑。結果這般盯著、防著，讓我變得小氣了。

兒子屬兔，玩識字圖卡時看到兔子，我都會說他是兔年出生的，雖然他未必懂得，但一次次將他與兔連結之後，他開始覺得兔子是他的、他就是兔子，時間久了，他時常會用「兔兔」來指稱自己，譬如「兔兔要睡覺」、「兔兔不吃番茄」，久了我們也隨他這麼叫。

兔兔與妹妹相差兩歲，兩人的發展懸殊，妹妹兩歲已經能不包尿布自行大小便，四歲的他雖也可以，但還不穩定。某天夜裡，兩人乖乖坐在我床前的地墊上，等著我說故事。待我忙完進房時，見他兩腳岔開，一臉做錯事的模樣。

「怎麼了？」我問。

「媽咪，對不起，我尿下去了。」他有點囁嚅。

「廁所就在那裡，怎麼不過去呢？」我問。

「因為我要穿拖鞋，所以來不及去廁所。」他小聲解釋。

「喔，那你到浴室沖洗一下，媽去幫你拿褲子。」我說。

其實我是高興的，高興他語言方面的進步，能將一個因果句說得如此精準。倒是有些後悔只注重當下的處理，忘了稱讚他。他曾被診斷是感覺統合失調，生活上的事情教過就忘，語言表達能力差，我接受這些狀態，但不放棄努力，而他竟然在那種情境下，迸出看似平凡無奇卻讓媽媽的心為之一振的話語，怎能不開心呢？

五歲。兔兔坐在馬桶上，我端一張小椅子與他對坐，等他「大」完後幫忙擦屁股。小手輕拉著我的頭髮，把右邊的頭髮拽到左邊，又從左拉到右。

「媽咪，大不出來耶！」他皺著眉頭說。

「用力，媽咪幫你一起用力。」我雙手壓在他肩膀上。

「媽咪，我是你的小麻煩，對不對？」他看著我的眼睛。

「不對，你是我的小寶貝。」我專注回視。

「可是我把頭撞破一個洞，讓你哭了。」他小聲說。

說話一向沒條理的他，怎麼會突然說出這些話？我有些激動地抱著他的頭，摸著他剛拆了線的額頭傷口，不知道要喜他說出那動人的話語，還是要憂他就是個小麻煩？

「下次在幼稚園生氣了，就跟老師說，不可以再去撞牆壁，知道嗎？」

「知道，沒看到老師，也不要去撞。」

「對，你好聰明。」

六歲，兔兔讀一年級，跟著我到學校。

一年級只上半天課，而我下午仍然有課，所以要求他在圖書館或辦公室寫功課、看故事書或者玩。事情不會如我期待，小小孩子怎可能乖乖被約束？所以每天放學後，我回到辦公室若沒見到他人影，就得開始找人。一日，在他常去玩的幾處沒找著，只好動用校園廣播，卻仍不見飛奔回來的蹤影。到底晃盪到哪去了？

因為曾有在樓梯間找到人的紀錄，所以我開始一層樓一層樓的找，一層指的是東西南北棟的教室走一圈，我真是又氣又累的走著叫著。最後果真在三樓國樂教室上方樓梯間，看見他正以一雙小手用力地推著上了鎖的鐵柵門。

「你在這裡幹什麼？」我吼了。

「媽咪，鐵門打不開。」他嚇著了，轉過臉無辜的說。

「你開鐵門幹什麼？」

「兔兔想到上面看天空。」

那刻，我身體的疲憊跟不上他無邪心靈的頻率，瞬間就哭了。

但我知道他沒有錯。是啊，四面都是教室的學校，校園多大，天空也才多大。以前住在大學宿舍時，每天傍晚都會帶著他和妹妹到校園玩，大大的草坪任由孩子怎麼晃怎麼跑都沒邊界啊！懂他整天身處在四四方方的校園裡，是一種禁錮，要看更大的天空才有解放的自由感覺，可是我累極了還得這樣四處找人。

七歲。我決定中午放學後把他交給安親班。新環境裡，一天新鮮，兩天新鮮，他很快就膩了。

「媽咪，放學要去安親班嗎？」他問。

「要去。」我篤定回答。

「我不想去。」他也很篤定。

「你必須去，媽咪要上課，沒辦法照顧你。」我試著說明。

後來，這成為每天上學途中，我們母子在車上的常態對話。我知道他不願去，卻也一直堅持著。

一晚臨睡前，我摩挲著他的背哄他入睡。柔和的燈光下，一幕溫馨幸福景象，我忘了疲累的陶醉其中。突然，他說：

「媽咪，林老師不溫柔。」不是告狀，因為他連身子都沒轉過來。

「喔，林老師很兇，你不喜歡，是不是？」

「對，她說：『笨蛋，快寫，寫不完不准回家！』」

平和的敘述，重重的控訴。天哪！與安親班懇切溝通後的協議是「只要安全，不逼課業」，怎麼罵人又逼迫了？

「媽咪，我不亂跑，不要去了，好嗎？」

當然好。七年來，知道你不聰明，卻從不曾說你一個「笨」字，媽咪怎麼笨得花錢讓人說你笨？

倒是學校老師都待他很好，同事之情與憐憫之心交雜吧。

升上四年級，新學期換了新老師。開學沒兩三天，他就喜孜孜的說：

「媽咪，新的自然老師對我好好。」

「喔，難怪你這麼高興。」

「老師說聽不懂沒關係，乖乖的就好。媽咪，是你叫她對兔兔好的，對不對？」

不對，人殊人異，我怎麼可能為你鋪排出總是有利的環境，而且三年級的自然課你不也是硬著頭皮度過了嗎？

學校校長和藹可親，待他尤其寬容。

經常玩得灰頭土臉一身髒的他，只要遠遠看到校長身影，一定高聲喊著：「校長——」尾音拉得老長老長的，隨即衝過去抱住校長，依偎在校長突出的肚子上。

有一回，臉上的灰土印在校長的白襯衫上，我大聲喝斥：

「喂喂喂！你弄髒校長的衣服了！」

「弄髒了可以洗啊！有什麼關係？」校長說著又把他抱了起來。

「是嘛，媽媽太小氣，校長很大氣。」

哇！我知道他會用「小氣」這個詞，但一般常用的相反詞是「大方」，而「大氣」是一種格局的呈現，日常較少使用，他有點不明所以的選用，卻意外妥貼適恰。

一直以來帶著他，時時盯著各種細枝末節，處處留意他的言行舉止，都是為了不想讓人拿他的障礙來嘲笑。結果這般盯著、防著，讓我變得小氣了。一段他和校長的家常對話，真是提醒了自己，要大氣些。

老天弄人，給兔兔一條顛簸的成長路，幸好，同時給了他一塊記不住事物的心版，讓一切甜的苦的都如雲煙過眼。記下這些吉光片羽，對他其實無什意義，但對陪著嘗著千般滋味的媽媽，是一種慰藉，一種明白，人生沒有一定的樣貌，真心盡力就好。

媽咪，我有分喔！

一個人能看到這世界的給予、肯定，心就會是滿的，心滿了，生活就安、腳步就定、日子就穩。我是這麼想的。

兔兔進小學後，規律上下課的校園模式，對他而言是好的，因為安定、少變動。一派天真的他每天晃晃悠悠，即使月考到了，老師加強複習，同學拚命寫測驗卷，在那緊繃的氛圍裡，他也像是一個最清醒的人，依舊無憂無慮，輕鬆來去。

兔兔對於考試毫無概念，每次月考後帶回家的各科卷子，都是零分或者個位數字。我非常清楚考試時的狀況：老師嚴格的在教室裡來回巡視，除了回答對題目有疑義而舉手發問的學生外，不能對個別學生進行解說或提醒。他面對密密麻麻的考題，腦袋肯定是一片茫然。

要好寫（答題的空間大）、要好看（各個大題區隔分明）、要好懂（題幹說明簡潔）、不要猜（不出選擇題與是非題）。多年後，我從當時幫他留存的各種評量測驗、治療報告、學習成果等資料中，找到已泛黃的試卷考題，仔細再看，確實可以讓弱勢孩子聚焦答題，沒有胡亂猜測而得分的僥倖，能真正看到他們的學習效果。

許多認識兔兔的人都說他命好，不曾因為學習表現不佳，遭到我們的嫌棄、冷落或壓力。我倒是更慶幸自己選擇了教育工作，有機會遇見許多資質不同的學生，認知到每一個孩子在成長過程中理當得到的養分：家庭的愛與接納，學校老師的理解和包容。養分都獲取了，孩子就能穩定成長；若少掉其中任何一項，孩子即可能在之後人生的某時某處，以異於常態的方式，向家庭、向社會索討回來，因而產生許多家庭悲劇，甚至釀成讓社會震驚不安的事件。為了防微杜漸，更為了他是社會的一分子，好好的愛與教養，是我責無旁貸的事。

我真心喜歡兔兔手揮試卷開心說「媽咪！我有分喔！」的模樣。即使他現在已長大成人，稱呼從原本嫩嬌的「媽咪」改成「嘛啊」，當他從寄宿的教養機構轉到家附近安置之後，我更常聽到他說：

「嘛啊，老師今天有給我一張卡片喔！」

「嘛啊，主任有說我怎麼那麼貼心，都注意到她還沒吃午餐。」

「有分」，「有給我」，「有說我」，都是他的獲得。一個人能看到這世界的給予、肯定，心就會是滿的，心滿了，生活就安、腳步就定、日子就穩。我是這麼想的。

書桌上的戰場

細數這些認字寫字能力，覺得自己和許多朋友述說他們孩子成就時的心情，沒有不同，是一樣的驕傲歡喜。

因為兔兔，很多人會跟我說「辛苦了」，如果要選擇一件事，呈現備受熬煎的狀態，莫過於陪寫功課了。

兔兔和我隔著書桌對坐。左撇子的他左手拿筆，眼睛看著課本，嘴裡發出「嗞嗞」聲，右手食指彈著鼓起的臉頰。

「快寫吧，『老』下面的字是『松』。」我說。

「唉喔，『松』啊，在哪裡？」他停下所有動作，目光在課文裡搜尋。

「喔喔，找到了，在這兒。」低下頭開始寫，一短橫、一長豎的寫下「松」字。然後停下，左手搖晃鉛筆，像他最愛的布袋戲裡角色的動作，右手食指摳著橡皮擦，直到摳下一小塊一小塊的碎屑。

「繼續寫下個字。」我平和的說。

「我還沒寫『松』的注音啊！難道不用寫注音嗎？」他右手用力在簿子上一按，有點生氣地說。

「那就寫注音。」我不動情緒。

「好啦，寫寫寫，要寫到什麼時候？」他氣呼呼地在「松」旁寫下「ㄙㄨㄥ」。

「幾聲？」抬頭問我。

「你想啊！想不出來就看課本嘛！」我還是耐著性子。

他看看課本，發現沒有調號，樂得直笑。

「下一個字是『樹』，寫吧！」我說。

「Yes, Sir !」他輕快地向行我舉手禮，接著在課本上找字，再寫到簿子上，還是沒寫注音的停下。手指把簿子右上角內摺兩三次，再將鉛筆壓在上面，接著拿橡皮擦做飛機俯衝狀去撞擊鉛筆，鉛筆掉到地上。我耐不住性子的往桌上一拍：

「你到底要不要寫？」

「要寫啊！誰說不寫了？寫寫寫，到底要寫到什麼時候？壞媽媽，只會叫人家寫。」

他連哭帶吼，聲音之大巷弄皆聞。

「你給我閉嘴，六個字寫了半個鐘頭，什麼時候才寫得完？功課要不要寫隨便你，就是不要大聲叫，整條巷子的人都被你吵醒了？再哭再叫，警察來我們家取締噪音，我不救你，就把你交給他。」連珠炮的罵完，我血脈賁張，沒法子看他，轉身衝進浴室，鏡前一張兇惡的臉掛滿了淚水。

都說淚水可以洗滌心靈，在我們家，淚水則是比過動兒服用的藥「利他能」有效多了。他看見我哭了，驚愕慚愧得安靜下來。

「砰！砰！砰！」他敲著浴室門。

我不回應。

「媽咪，對不起，我會乖乖寫啦！」他有點手足無措。

我洗把臉，幾分鐘後打開門，只見兔兔低頭寫字，寫完一個字，又抬頭在課本上找字，繼續寫。

我恢復先前的平靜與耐心：「乖，認真寫，媽咪陪。」

「好，我快快寫完就輕鬆了，對不對？」翻臉像翻書的他自嗨笑著。這一回，他整整寫了一行才停下筆，又認真地數著課本裡未寫的生字。

「一、二、三……，只剩九行耶！寫完就可以看電視囉！」

「你看，認真寫，一下子就寫一行，九下子就可以寫完九行，來，下一個字是『有』。」

「媽咪，九下子是多久？布袋戲會不會演完了？」

「很快，現在是九點，認真寫的話，十點以前就寫完，布袋戲還有的。下一個字是『有』。」我有些後悔為了讓氣氛好些，挖洞給自己跳。

「Yes, Sir !」他拾起筆，終於寫下「有」字。

時間滴答，母子二人都耐著性子，彼此都有默契，不讓先前的場面再出現。只是他仍會在寫錯字時，揉搓橡皮擦碎屑，計算還剩幾行，並不斷關心布袋戲演完了沒？我鐵了心不再動怒，只安撫催促。

牆上的鐘指著十點二十分，終於寫完，他大大吐了一口氣，丟下筆就要衝上樓。

我迅速叫住：「嘿，東西沒收。」

「喔喔，我真健忘。」他返身回桌前收拾，書本、簿子、筆盒一把塞進書包，扣上釦環，提起書包衝上樓。布袋戲演到十點半，只看得到七八分鐘，但是寫完功課的解脫讓他夠開心的了。

很多人沒法想像陪障礙孩子寫功課是這般的磨心耗力，但在當時我因參加過動兒協會而結識的朋友圈中，那是日日上演的戲碼。有時媽媽們會在晚上十點半、十一點打電話互相打氣：「加油，我們寫完了。」「我們還在戰鬥，你兒子寫完了嗎？」那種相濡以沫的力量，支撐著彼此緩步慢行，熬過一個又一個黑夜。

回顧過往，我依然相信那些不放棄的陪伴，是能開幾朵花結幾顆果的。後來兔兔識字很多，在外能看懂路標、公車號、商店名；在家看電視字幕、傳手機訊息；在機構裡能自己簽名、為同儕念簡短的《聖經》……。細數這些認字寫字能力，覺得自己和許多朋友述說他們孩子成就時的心情，沒有不同，是一樣的驕傲歡喜。

媽媽日記之一：一九九八年

這些年從感覺統合失調、注意力缺陷過動症、學習障礙、輕度智能不足，直到現在的亞斯伯格症，一路出現的專有名詞，早把心鍛鍊得強硬許多。

兔兔升上高年級時，稚嫩稍退，大男孩的模樣略顯，看在媽媽眼裡是該喜悅的，但他發脾氣的力度同時升高，那喜又被沖掉一大半。

學期末，一位已成為校長的前同事，因參與縣內文教刊物編輯工作，邀我寫篇文章，我問寫哪方面的文章，他信口說：「就寫你兒子呀！之前你不是寫過一篇陪寫功課的？」我遂將與兒子有關的生活紀事整理成文。

在現今位列老婦的年歲裡，回看當時紀錄，那彷彿不是自己，而是一個曾經為賦新詞強說愁的女子，無意間參演了一齣滿含酸苦的人生影片，在倉皇、軟弱、混亂摸索之後，打起精神，面對所有不得不然的日子。影片未完，唏噓之情已滿，也真願意給她一串掌聲獎賞。

四月十三日星期一／對峙

春假後遺症，幾天來，兔兔晚上做功課的情況都糟。

七點半剛過，我叫寫功課，他不耐煩地把書包從二樓樓梯口重重的丟下，書包翻滾，作業簿文具撒了一地。我平和的說：「撿起來。」他用力地踩著一階階的樓梯下來，氣沖沖的抓起所有物品，再摔到桌上。

我耐著性子在他對面坐下，他像宣示什麼般的吼叫：「我要自己寫，不要你陪。」然後找出課本、作業簿和鉛筆盒，心情似乎較平靜地，用鉛筆心戳刺橡皮擦。

我說：「可以寫了吧！」他一副沒事人的樣子說：「墊板破了啊！怎麼寫？」我建議他快寫，就不要墊了，免得來不及看九點鐘的布袋戲節目。

他恨恨地攤開簿子，寫了一行又高聲叫起來：「太多了啦！根本寫不完，寫完你又要叫我唸課文。」

八點半了，四十五分鐘的磨蹭，很累。

這一夜，功課寫到十點十三分。他飛快的衝上樓搶看十點半結束的布袋戲。

女兒身體不適，早早上床睡了，沒來說要我陪。

四月十四日星期二／一段插曲

女兒不舒服的情況加劇，晚上帶到醫院去。兔兔不願意出門，但也被我拖去，他還沒有自己待在家的能力。

夜裡八點，醫院裡的人仍多。掛號，等候，燈號久久才換一個。兔兔時而跺腳時而踢椅子，直嚷著要回家。我安撫無效，索性摟著女兒閉眼不理。

忽然「哐！」一大聲響，椅旁的報架歪倒在地，人們的眼光齊聚。

女兒尷尬地望著我，我沒說話，撿起報紙，端正好架子，朝門口的警衛室走去。兔兔緊張的追來抱著我的腿：「媽咪，對不起，不要叫警察。」

警衛不請自來，我道歉又解釋。其實是沒事的，只是他驚惶的拉著我手，不敢再有任何動作。

一直到走出醫院，都有人看著我們。

四月二十一日星期二／力量的來源

再去桃療，排定好智力測驗，以及醫師單獨觀察兔兔的時間。之後，醫師問我要不要先給他吃藥穩定情緒，我說等做完評估，報告出來再說吧。

「撐得下去嗎？」一句話問出了淚水，原來我的苦撐與力乏在醫師面前無所遁形。

我還是決定「等」，反正已經熬了那麼久，不差這幾個月。

離開前，醫師額外囑咐，下次十一點以後再來，掛最後一號就不需等那麼久。

感謝，有人如此為我設想，心裡多了一些力量。

四月二十七日星期一／睡前願望

女兒臨睡前說：「爸爸回來，叫他要來看我。」我說好。更晚，兔兔躺下後推了我一下：「媽咪去做家事，爸爸回來叫他來陪我。」我也說好。

他又起身放錄音帶，不小心拉到電蚊香線，扯翻了一整盒錄音帶。我心裡一股煩亂升起，想逃。但還是陪他收拾好才下樓。

天知道長期以來爸爸的晚歸，除了工作忙碌，可能還有一個很重要的原因：睡著以後的兔兔才見可愛。醒著的他，誰都想避開吧。

四月三十日星期四／再做一次測驗

兔兔到桃療做智力測驗，心理師愉快地說他極配合，又親又摟的叫阿姨，還不斷說：「這麼簡單。」

這測驗是我要求多做的，之前做過兩次，都在智障邊緣，醫師覺得可能性高，但該是想順順我的心吧。如果確定是智能不足而拿到身障手冊，一年後就能念國中特教班。

其實醫師把重點擺在六月十日的一對一觀察，希望了解兔兔除了過動，是否還有別的問題，否則怎會醫院、學校、家庭都聯手出力了，還讓我帶得這麼辛苦。

仍是要說感謝。知道許多過動孩子的家長，依舊處在茫然摸索的困境中不得奧援，而我們已經得到這麼多的醫療支持了。

五月六日星期三／桂花無語

晚餐時，兔兔帶著長劍到餐桌。

女兒說：「不可以這樣。」一瞬間挑起他的情緒。「ㄆㄧㄤ！」的一聲，劍掃餐桌，菜翻湯倒。

我工作一天已經累極，又煮一頓晚餐，無力動氣了，一語不發推門而出。

庭院裡早開的桂花飄香，女兒緊拉著我的手喊：「媽咪不要走。」兔兔哭著抓自己的臉直說：「對不起。」

我頭脹痛得很。告訴孩子：「先進去收拾，讓媽咪靜一靜。」兄妹倆聽話進屋。

五月七日星期四／愛死小燕子

晨起，床頭擺著一張卡片，是妹妹寫的。「媽咪，對不起，我不會再惹哥哥了，但我也不要跟他說話。」

一日無事。晚餐靜靜地過，誰也怕說了不恰當的話，再挑起戰事。

八點，女兒看《還珠格格》。兔兔有一搭沒一搭的唸著課文，不時停下來說：「太多了，我只要唸一半。」「這麼長，要唸到哪時候啦！」知道他壓抑得很，但我也只不停地在他唸不出來的字旁加注音。

《還珠格格》片尾曲唱起，兔兔也剛好唸完課文，喜孜孜地跑上樓，半途又停下來問：「妹妹，很好看嗎？」女兒還沉浸在劇情裡，開心回他：「太好看了，我愛死小燕楚，後一項先前懷疑時查過資料，它類似自閉症，但語言功能尚好，會不斷重複同樣的話題、固著於同樣的事物或行為，並以自己的一套社交方式與人互動。

陳醫師關切地問我：「還好嗎？」我說：「還好，我就是希望釐清問題，才知道要怎麼做。」我們還討論先從情緒問題著手，服藥，調整教養方式。藥的中文名稱叫「百憂解」。

回家後，我立刻找出曾對百憂解做過專輯討論的《張老師月刊》仔細研讀。

六月十一日星期四／百憂解

早上出門前叫兒子吃藥，他甩掉剛穿上的鞋子，吼叫：「又沒生病幹嘛吃藥？」只好到學校後請資源班老師幫忙，又去拜託級任老師觀察吃藥後的反應。

下午放學後回辦公室，他開心地跑來說功課已經寫一半了，寫完才要回家。晚上唸課文只花了十五分鐘。他彷彿變了個人似的。我留意著他每一個動作、表情和說話，心仍懸著，但身體輕鬆許多。睡前又把關於百憂解的文章一一讀過，好像讀愈多次，書上說沒副作用的意義愈肯定。

六月二十三日星期二／只要有方向

費了好一番功夫，終於找到關於亞斯伯格症的中文翻譯書，準備研讀的心情不再像多年前首度接觸「感覺統合」的惶恐，代之的是一份篤定。

這些年從「感覺統合失調」的診斷結果開始，「注意力缺陷過動症」、「學習障礙」、「輕度智能不足」，直到現在的「亞斯伯格症」，一路出現的專有名詞，早把心鍛鍊得強硬許多，除了接受和努力，沒別的想法。

期末，校園裡一股鬆懈的氣氛，資源班老師已規劃好下學期的教學計劃：學習電腦，要我們暑假先做準備。前所未有的「有方向、有目標」，讓眼前一片清朗。一絲熱切細細地從心底升起。

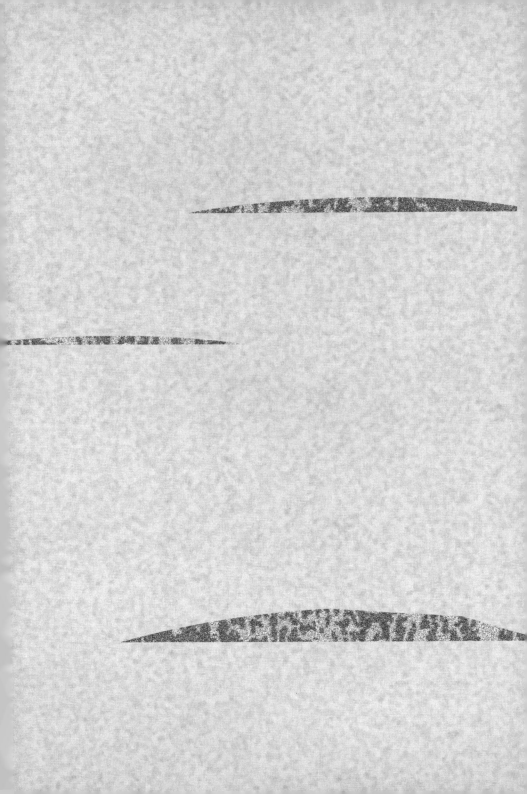

輯二

摸黑行路

沒有聲音的運動會

從一部繪本，回想起過往兔兔學才藝的歷程，就如同現今許多家長所想所做的，種種嘗試，都是源於父母的一片癡心。

《沒有聲音的運動會》是信誼出版的故事繪本套書其中一本。

兔兔幼稚園時期，每天睡前說故事時間，兄妹會各拿一本繪本，和我排排坐在床鋪邊的地墊上。整套書唸完後，每次就由他們各自選一本最喜歡的，讓我再唸一遍。妹妹每天都選不一樣的，像《噴火龍丹丹》、《阿蘭與彩線》與《白米洞》等，兔兔始終都拿同一本——《沒有聲音的運動會》。

「今天先唸誰的？」

「哥哥的！」「妹妹的！」兄妹倆同時說著對方，因為喜歡這美好氛圍，都想把自己的留到最後。

「昨天是妹妹先，今天換哥哥吧。」我說。

「開始囉！沒有聲音的運動會。」隨即翻開書。

「沒有聲音的運動會。」兄妹倆一邊手指著封面上的大字，一邊奶聲娃氣的跟著唸。

「明天就是老鼠爺爺的生日了，老鼠家的大大小小想了又想，最後決定做一個世界上最大最好吃的蛋糕送給爺爺⋯⋯」他們盯著一頁一頁的繪圖聽著我唸。

就這樣一夜又一夜、一本又一本的唸著，那是兔兔三十幾年的人生歲月中，全家最幸福的一段時光，因為生活裡所有的追趕、壓力、責任、期許都尚未降臨，兔兔不用寫功課，妹妹沒有被疏於照顧，爸爸不會被我抱怨，我尚未精疲力竭。

近日我問起這個故事時，兔兔笑著說：「就老鼠跑跑跑買麵粉做蛋糕啊！」電話那頭的妹妹則說：「一系列的，後來哥哥要寫功課，我就都聽錄音帶或自己讀了。」

妹妹識字以後，讀遍了家裡的書籍，奠定了她的文字書寫基礎。兔兔則屬於聽覺型的學習，因為智力不足，能學習與汲取的範圍有限，所以直到小學三、四年級，我還在為他唸故事書。幸好聲音隨處都有，錄音帶的、電視節目的、生活對談的，多方面管道的吸收，使他的語言能力稍稍優於一般智能不足的孩子。

記憶裡，我還做了一些事。一是上學後，要求他每日唸課文，同時因為課文偏長、文意過深，所以我又用坊間可買到的閱讀測驗本當主要教材，還自動降級，意即三年級時選用一年級的測驗本、四年級時選用二年級的，以此類推。晚上做功課時間，唸完課文後，再唸一篇測驗本裡的小短文，文後五個選擇題改用問答題提問，都答對了就通過，答錯了表示沒讀懂，就再回頭唸一遍。

二是國中時放學接送途中，若他心情好，我們就玩造詞接龍遊戲。他常冒出令人驚喜的語詞，再問他語詞的意思，懂得就稱讚，不懂的也沒關係，盡量解釋讓他加深印象。

我深切知道，語言文字是一個人認識世界、也讓世界認識你的最佳工具。自己從小喜歡閱讀，也有一點書寫能力，如此一來，既不假外求，又可以在生活裡隨時濡染孩子。

坊間書籍與電影裡關於自閉症孩子的故事，幾乎都呈現他們特別的天賦，例如電影《雨人》裡的主角雷蒙有超強的記憶力和計算能力；《星星的孩子》裡天寶．葛蘭汀在牧場中開啟對動物奧祕行為的理解；也有對數字敏感的自閉兒有能力開根號，或憑靠記憶畫出世界地圖，或無師自通就有彈琴、繪畫等藝術天分。

我沒奢望兔兔和他們一樣，但想也許有某方面的興趣或優勢待挖掘，所以曾經在幼稚園的秀秀老師推介下，上了捏陶、繪畫等兒童課程，在試著學習繪畫的過程中，也先後經歷兩次記憶鮮明的挫敗。

第一次是由秀秀老師帶著孩子和家長，到一家知名的兒童繪畫教室。一開始負責人表示，要先播放二十分鐘的影片，讓孩子暖身，於是將七、八個孩子帶入放映室，家長在外等候。我心裡有些不安，因為不知道兔兔離開熟悉的人，在黑暗空間裡會有何反應，於是向負責人解釋他與一般孩子不同，話沒說完就被打斷：「要相信孩子的能力，你不放手怎麼知道孩子不行？」隨即關上門。

在影片放映的二十分鐘裡，門始終沒有打開，我正慶幸兔兔未發生任何干擾的狀況時，門打開了，孩子如夢初醒魚貫走出，兔兔一看到我，就往地板上打滾，哭吼著：「我不要上，我不要上。」所有人都嚇住了。我蹲下要抱，他依舊翻滾吼叫，我明白他那二十分鐘裡的壓抑還沒釋放完畢，就由他去。後來是秀秀老師去哄他抱他，才結束這場哭

跟著我走就好

一顆心習慣性的懸著，直到他進門才能放下。常被用來祝禱行程順利的「平安歸來」四個字，於我是日日揣在懷裡的。

兔兔兩歲半前，白天由細心和順又有智慧的保母照顧著。保母總是幫他打理得乾淨好看，並常帶著到附近的市場走走逛逛。保母說兔兔出門時心情特別好，因為無論識或不識，許多人都會停下來讚他一句：「好可愛喔！」

在可愛聲中，妹妹到來。為了妹妹的保母需求，也為了減省家庭開銷，兔兔的幼稚園生活就此展開。在新環境裡，因為發展遲緩，讓老師格外費力費心。但天天搭乘娃娃車，作息規律，就這樣平順無異樣的過了三年。

兔兔上小學，在我任教的學校就讀，平時可順路接送，日子依然單純。直到升上五年級，長大了些的他，發現最愛的珍珠奶茶在學校對面即可買到之後，校園生活起了波瀾。

某個週三中午，一放學，兔兔就要求買珍珠奶茶。因為校務會議即將開始，我便匆匆帶他到店家，先付好錢，要他自己等候。近兩個小時的會議結束後，一直沒見到兔的身影，我焦急地遍尋校園不得，想到他會不會還沒回來？便火速跑到校門口，赫然看見他坐睡在對面商家的騎樓下，喝完的珍珠奶茶杯子傾倒在地，我緊繃的神經頓時鬆放，一股乏力感充斥全身。

「想睡覺為什麼不回學校睡？」我語帶責備。

「車子一直來，過不去啊！」他無辜地指著一輛又一輛開過去的車說。

是啊，沒人帶著，他怎麼會？何況當時校門口只有閃光黃燈，學生上下學都由校警吹哨、糾察隊協助過馬路。許多生活細節，大部分人不知不覺就能學會，而他從穿衣服、扣釦子、繫鞋帶等小事，到就學後的讀書、寫字，無一不是歷經三年五載才稍稍學會。過馬路的能力攸關性命，我不曾認真教過他。幸好他沒硬闖。

「來，媽咪教你。」我牽起他的手，走到馬路邊。

「看，現在左邊的車還離很遠，我們可以過去。」

他一逕點頭，眼睛卻沒往左邊看的一路跟著我走回學校。

上國中後，放學時，我日日到學校輔導室接兔兔，再牽著他過馬路。高我一個頭的個子若無其事地走在身旁，旁人異樣的眼光在在提醒我：該訓練他過馬路了。

思量許久，也跟醫生討論，答案是：可以試試看，但不能急。

於是連續幾個晚上，我在餐桌上畫馬路圖，一遍一遍的教他，第二天再現場示範。決定實地操練後，請輔導室老師讓兔兔自己出校門，走向我的車，未料輔導室的湯阿姨不放心，天天陪著出來又帶他過馬路。我千說明萬請託，阿姨才總算答應。

幾天後的放學時間，我在對街等著。兔兔出現在校門口時，我大喊：

「看，左邊有沒有車？」

「有。」

「好，等一下。」

「再看，有沒有車？」我看前車已過，來車尚遠，又問。

「還有。」

「還很遠嘛，走到中間來。」

我話說完，兔兔再往左看一下，準備提起腳步，車又已近。

「不行。」我急忙喊一聲，他也停下。

「到底要不要走嘛？」他不耐煩地喊。

最後，還是我去牽著他過馬路。

這樣的練習持續著，每次我們都扯著喉嚨喊。校門口旁休閒小站的老闆娘和女兒都清楚聽到了。一天、兩天過去，此後只要兔兔出現，母女倆就全程盯著看，直到我們的車開走。

「放學」之於兔兔，因此變得很不愉快，但我仍然堅持，日日重複著同樣的戲碼。伴隨「看左邊」、「看右邊」、「停」、「走過來」等喊聲的，常是教人心頭一緊的險象，有時除了我們母子，還加進老闆娘母女以及旁觀路人的喊叫聲。我深感無力，兔兔也因挫折而屢發脾氣。直到有一天，我耐著性子喊：

「左邊的車還很遠，你過來。」他不看左右的走到馬路中間。

「停，右邊有車。」我大聲喝止。他不安地看著我，等待下一道指令。

「你眼睛都沒看。」我忍不住抱怨。

「有啦！」他在馬路中間跺腳。

幾輛車子駛過，來車還在遠處，我說：「眼睛要看右邊，車離滿遠的，過來。」

他盯著我，準備衝過來。我說話要時間，他聽與採取行動也花時間，遠處的車卻很快地駛來。一陣緊急剎車聲，嚇住了他，也嚇壞所有人。

「找死啊！」車子駕駛搖下車窗破口大罵。

他動也不敢動的僵立在馬路中間，我幾乎是顫抖著去牽他走到路旁。

「他不會，就過去牽他過來嘛，才一下子時間。」一個全程目睹的老奶奶說話了。

是啊，才一下子的時間，所有的堅持瞬時潰散。我酸楚想哭，牽著他走向車子，他順從得像三、五歲的孩子。旁人口中的「才一下子時間」我當然有，也願意，可是他們沒有想到每天我幫他「一下子」，會積累成他的「一輩子」。不會過馬路，我卻不可能永遠牽著他的手！過去聽過太多類似的話，「你就帶他一起來呀！」「你叫他自己洗就好了呀！」他們不知道每一個「就」字，對我而言都是艱難，等待、教導、再等待、再教導，三年五載也許「就」能讓兔兔學會，也許「就」一直學不來了。

「媽咪，你要嚇死我是不是？」兔兔小聲地說。

上車，我的眼淚忍不住落了下來。

「媽咪，對不起啦。」

他茫然不知所措，我也不知道誰對不起誰，但心裡暗暗下決定：慢慢來，等他再大一點吧！

升上高中，學校在遙遠的石門水庫旁，是慎選過的，小而美，無暴力紀錄。每天清晨，天色仍暗，爸爸送兔兔過馬路去搭校車。放學時，校車路線與去時相反，在靠家的這一邊下車。起初日日接送，後來在覺得相對安全的情況下，決定放學下車後讓他自己走一小段路回家。

一學期過去，一切平安，讓我忍不住要感恩說謝。

有時我想看他獨自走路的模樣，會到小路旁的籃球場等候。來往車輛較少時，看見

和他站在車水馬龍的路邊等待綠燈，他緊緊抓著我的手。過馬路時，看他亦步亦趨的神情，我想教導他的念頭幾度升起又落下。

天色已暗，商店的霓虹燈都亮起來了。我們轉進巷道，兔兔專注的低頭走在前面。叫他抬頭看車，他說：「你不是說要走邊線嗎？太暗了，都看不清楚啊。」

我愣住了，原來我說的話他都記住了。

心底頓時升起一股溫熱，不覺往前牽起他的手，說：「沒關係，媽咪當你的拐杖，你跟著我走就好。」

單飛練習

老天給了廣闊的天空，卻沒賦予他夠用的腦袋，以及隨著年紀茁壯的羽翼。學飛不難，飛得好、飛得穩卻太不容易。

兔兔在十五歲之前，除了上學，未曾一刻離開過我們的轄區，隨時隨地拎著他已成為日常。但一次花東旅行的意外插曲，再次讓我意識到，要擔負另外一個人的性命，於誰都是沉重與殘忍的，因為那是老天爺的事。

你怎麼沒有把哥哥帶上車？

兔兔小學五年級的春假，我們三個家庭開著三部車，沿蘇花公路往花蓮前進。傍晚時分，大家在花蓮慈濟醫院前暫停，下車鬆鬆筋骨。六、七個孩子很快地玩起來，大人們則討論前往鯉魚潭住宿處的路線，隨後即各自上車，繼續前行。

十幾分鐘後，天已暗下，我們才驚覺兔兔不在車上！車內空氣頓時凍結，席捲而至的是一種從未有過的、掉了孩子的恐懼。爸爸一句：「你怎麼沒有把哥哥帶上車？」讓妹妹承受不起的哭出來。我無暇顧及這非理性的責備，一心只想著怎麼找回心智年齡只有三、四歲的孩子。

在那手機已問世、但我們還沒擁有的年代，爸爸只能慌亂調轉車頭，循原路回去找。不多久，前車朋友發現我們落掉了，也立即追來詢問。到底是旁人眼清，朋友認為不能盲目瞎找，應確定情況再做打算，孩子上錯車也是有可能的。於是朋友又回頭追第一部車，我們則六神無主的跟著……

結果是，兔兔正在第一部車裡與兩個大哥哥玩著。

當時那種短時間內腎上腺素急遽升降的體驗，現在想來依舊讓人全身癱軟。之後，只要帶著兔兔外出，「哥哥呢？」成了家人隨時隨地的問話。我默默琢磨：以他的資質，是可以學習一些生活能力的，能教就教，教不來的我們再扛吧。

買鹽、買醬油、理頭髮

此後，我常讓妹妹帶著他到池塘邊的超商買鹽、買醬油。日子再久些，藉口說妹妹要寫功課，請他獨自去。只買一項，多了他記不住。就這樣一來二去，等到對超商購物熟悉了，我又拿「可以自挑一罐愛喝的飲料」當作獎賞，增強他的動機與信心。於是超商成了他第一個敢獨自前去、而我們也放心的地方。這過程費時兩到三年。

另一個訓練是剪頭髮。超商附近有一家美容院，老闆娘眼大貌美，是他會喜歡的大姊姊。起初我帶著兔兔去，熟悉後改以電話預約，時間到了他獨自前去。再後來，他能自己走去預約，然後回家等候。後來兔兔長大些了，會問我願不願意贊助五十元讓他在那裡洗頭。我說：「你這大哥頭（小平頭）才一點點頭髮，就自己洗吧。」他說：「有按摩捏！算了，我自己出錢。」

現在的教養機構有美髮義工定期來為院生剪髮，每回調查是否剪髮的通知單來時，兔兔都說：「不必，我去池塘邊剪就好。」比起省錢，我更喜歡看他有大人氣概的說話態勢。

就是如此，我們一點一點放手，他一步一步以家為圓心，向外拓展自主自立的生活圈。

為了跟飲料店美眉攀談

應是兔兔二十三、四歲時，當時他週間已在新竹機構接受照護。某次夜間例行通電話，兔兔說週末想去買飲料。我看到他想向外探觸的心蠢蠢跳動，便說：「當然可以，只要學會認路，帶著手機，買少糖或無糖的，就行。」週五晚上，爸爸估狗附近的飲料店，就在離家約八百公尺的商圈，他不太情願地跟著看手機地圖，頻頻用力點頭說：「知道啦！知道啦！」

當天，我想陪著，但被拒絕，只好偵探般尾隨。看著他如雛鳥新飛，喜悅裡摻著幾分怯生，與一百七十幾公分的高大個子形成強烈反差，我的內心百般滋味翻滾。

他走進一家飲料店，又拎著一杯飲料出來，四處張望遲疑片刻，才選擇朝家的方向走去。我鬆口氣，隨即走進店裡也點了一杯珍珠奶茶，並藉機與店家攀談，懇請之後兒子再來，若有不當之處請多多包涵教導。店家欣然答應且安慰道：「當媽的真不容易，他看起來還好啦！」

時隔多日，某次週六晚餐，他突然說：

「我今天走到菜市場。」

「蛤！你怎麼都沒說？那更遠呢！」

「不會啊，就一直走而已。」

「你不怕有壞人？」

「沒有壞人啦！美眉都很好啊！」

「什麼美眉？」

「賣飲料的啊！」

那是個離家一公里多的熱鬧商圈，環境複雜的程度更是道上有名。我後背沁汗，同時聽出一些他被異性吸引的新訊息。

又是一個週末下午，他出門後久久未回，打電話找他，竟然手機關機。夫妻倆立即一人開車走大馬路，一人騎腳踏車穿行巷弄小路，往市場方向前去。爸爸的車在市場周邊繞了一圈又一圈，我則問了不知道多少家飲料店，最後頹然返家時，只見他正掏鑰匙準備開門。

緊繃的心鬆了下來，繼而轉成怒氣又快速壓下，因為「硬碰硬，掀屋頂」早早是鐵律。便不吭一聲交由爸爸去了解情況，還若無其事的跟他說：「晚上吃水餃喔！」

原來實情是：龍東路上飲料店多，競爭激烈，老闆請來的美眉一個比一個漂亮，為了攀談，他就一家買一杯，但知道有違常情，乾脆關了手機，繼續走繼續買。總共買了四杯，兩杯自喝，一杯送人，一杯倒進路邊水溝。

後來爸爸與兔兔達成協議：不能關手機，只能喝一杯，想買第二、三杯要打電話回家問爸媽想喝哪種飲料。他也同意。

褲袋裡的濺血手掌

雛鳥學飛，意外難免。我漸漸能把心放鬆，隨時準備面對他的凸槌，並抱持「無事感恩，有事正常」的心情過著日了。只是，心態再如何調整，也僅能保守住自己，護不了他的時時刻刻。

兔兔擁有獨自外出購物的能力後，新竹機構的老師，也會讓他每天結束日間照護回到家園後，再到附近超商買一樣東西。起先有伴相陪，之後就讓他獨自前去，同伴在住處大樓陽台遠遠看著。

一個下雨的黃昏，我正準備著晚餐，機構的老師打來電話，說兔兔在購物途中摔倒，手掌受傷流血，救護車已經把他送往附近的馬偕醫院。我與先生立刻準備開車前去時，老師又來電說：「媽媽，現在情況未明，你們可不可以先暫緩出門，等狀況更清楚，需要你們來時再來。我們會確保讓他做最妥善的醫療，也隨時打電話跟您報告，可以嗎？」

我生性敏感多思，生了兔兔之後，遇到事情反而直覺反射：怎麼做最好就怎麼做。當時，老師化繁為簡、擔當起一切的態度，讓我完全信賴。我們就在家等候，也接收老師一次次的來電說明：

「媽媽，因為傷在手掌魚際區（大拇指根部下方隆起部位），醫生正在幫他清洗傷口。」

「媽媽，已經在縫合傷口了。」

「媽媽，手術完成，縫了十八針。兔兔還好，還會說笑，我們要回家園了，你們就不用來了。」

稍晚，我們才明白事件始末：天空下著細雨，兔兔仍然要去家園斜對面的超商買東西，店前的小斜坡路面破損多碎石又濕滑，小跑步的他跌了一跤，左手掌順勢撐地，正好壓在凸起的水泥板尖角上。爬起後，見手掌流血，他馬上把手藏入褲子口袋，走進超商照常購物。結帳時，單手既要拿飲料、又要付錢的不順，讓店員起了疑心：「你的左手呢？」他支支吾吾不肯把手伸出來。店員知道他是教養機構學員，關心地走出櫃檯，看見他左邊褲管血跡斑斑還不斷滴血，拉出他的手，竟是一片模糊血肉，就馬上打一一九叫救護車……

手傷後的那個週六下午，我帶他到外科診所換藥，診間人多，母子坐在診所前階梯等候閒聊。

「還很痛嗎？」

「不會。」

「怎麼那麼倒楣就壓在那個尖角上呢？」

「我哪知啊！」

「以後走路要看路啦！」

「喔喂！那要不要看車子來呢？」

是啊，人在世間行走，要看的那麼多，要學的那麼多，又時時發生變化，處處藏著魔鬼細節，難免有飛來的禍事。

老天給了廣闊的天空，卻沒賦予他夠用的腦袋，以及隨著年紀茁壯的羽翼。學飛不難，飛得好、飛得穩卻太不容易。還好，我們還有在一次次的顛簸中成長的能力，也敢小小聲地跟老天爺說：「害怕也擋不住，就來吧！不是得到，就是學到。」

服變得有點醜。

我一向少問孩子「為什麼」，因為家裡兩個孩子，妹妹聰明乖巧、做事有理有據，不需多問；兔兔智商不到七十，表達能力欠佳，問了答不出來會焦急，一焦急情緒就來，所以少問。「觀察後再說」是我為人母後學到的習慣。

接下來，陸陸續續又出現汗衫、T恤標籤被剪掉的情形，破洞有大有小。我趁兔兔心情愉悅時探問，他才說：刺刺的不舒服。跟我想像的原因一樣，我稱讚他能解決讓自己不舒服的事，不過以後剪的時候小心些，盡量別剪破衣服，否則就讓媽媽剪。他點點頭，但仍堅持說自己會剪。後來所有會碰觸到頸部皮膚的衣服標籤他都剪了，當然還是有剪破掉的，我沒再說什麼，到底這樣的事和餓著了、冷到了、受傷了的情況相比，只是芝麻小小事。

披風

兔兔愛看布袋戲，起初聽不懂台語，不了解劇情，但就喜歡那快速變化的刀光劍影。

看久了，似乎看出些眉目來，史豔文、素還真、秦假仙、一頁書……，這些戲中角色陪伴他的時間比我們還多。他也愛看卡通，尤其那重播再重播的《旋風小飛俠》，每天傍晚「飛啊！飛啊！小飛俠！」的歌聲響起，真是他最最開心的時刻了。

布袋戲與小飛俠的人物穿著有一個共通點，都是連身且飄逸的衣服，袖子還可以甩來甩去。尤其是小飛俠那件披風，在他眼裡簡直帥斃了。為此，他看電視時，會在肩上披掛一條浴巾。後來奶奶特地為他做了一件黃色披風，看電視時他改披著黃色披風，手執一把白色塑膠長劍，在地板、沙發、茶桌跳上跳下，還一邊帥氣的撥甩披風。

這樣的戲碼日日上演，我心裡的不對勁感也愈來愈深，他的固著特質那麼難以扭改，長此以往，豈不和那「瘋子」一樣，活在自己的虛幻世界裡嗎？

時間久了，披風髒了，刮破了，鬆落的鬚線愈來愈多，我趁某次洗滌時，謊稱被洗衣機絞爛了，將它埋在後院杜鵑花叢下。兔兔很難過，但不疑有他。誰知沒了披風，他改成夏天披薄被，冬天裹棉被，而且已不只在看電視時間，而是無時無刻，走到哪裡披到哪裡。

哪有人這樣？失算又憂慮的母親的忍受程度已到極限，覺得兔兔就是會長成一個

「不正常」的人了，在一次回診時便把那憂慮提出來和醫生討論。醫生說：

「他這樣有傷害到自己或別人嗎？」

「沒有。」

「會影響到生活嗎？」

「不會。」

「那你擔心什麼？」

「不好看，正常人不這樣的。」

「不好看是你看，不正常是你認為，那問題是不是在你身上？」

醫生的肯定問句如當頭棒喝。是啊！孩子與眾不同是早知道的事了，是自己沒有完全接納事實，老是想要他與一般人一樣，那樣才安全，才不會被人指指點點，說穿了就是在乎別人的眼光，忘了生活是自己在過，孩子只要不傷害人，長成什麼樣子都與外界無關……，所以問題是出在自己身上，該調整的是媽媽的想法啊！

背包

提到背包之前，得先說提籃。

兔兔小時候，坊間的兒童遊樂場不多，哪處的麥當勞加設了溜滑梯翹翹板，家長就會帶著孩子蜂擁而至，但排隊時間往往數倍於玩樂，所以逛夜市算是我們較常有的親子活動，走走吃吃買買，然後帶回一堆廉價玩具。其中必有的是布袋戲裡的刀、劍、扇子。

我給兔兔一個提籃裝這些玩具，他待在樓上起居室時，提籃就擱在身旁；下樓看電視時，提籃也跟著拎下來；到朋友家聚會，提籃必須隨身帶著；過年返鄉，一家子大大小小的行李，提籃也是不可少的一件。

我雖知道這行為是「固著性」使然，但實在很難平常心看待。在家裡，我努力壓抑，不讓煩躁爆發，但只要是家庭聚餐或參加社交活動，還拎著那籃子，我就無法當個淡定的媽媽了，堅持地說「不准」、「不行」、「不可以」。於是一場混亂的衝突是必然的，怒氣與哭聲對峙，吼叫和無奈交雜，最後輸的都是我，因為必須顧及其他家人、與朋友的約定、他的自殘，以及鄰人聞聲而來的關切，太累太耗能量了。最後「固著性」贏了，要帶什麼就帶吧！

兔兔漸長，提籃改成背包。舊戲碼結束，新戲碼上演。

直到十九歲，他到新竹的教養機構接受照護，我們告訴他，機構就像學校，只能背書包，不能帶玩具。他聽進去了。於是除了行李，就是一個旅行用後背包，裡頭裝著雨傘、水壺、一件薄外套、一本漫畫書，再加一個裝錢包鑰匙手機的肩背包。

在新環境裡，社工與教保員觀察一段時間後，安排兔兔到手織陶冶班。工作內容是用粗針縫製不織布抱枕，或者學習使用簡易織布機。只做半天，下午參加休閒活動。手織班的教室乾淨明亮，老師溫和堅定，是一個讓人喜歡且信賴的環境。適應階段，師生都在互相觀察，耐心與客氣俱足。

每天兔兔和室友們由教保員從社區家園帶到機構，他背著裝小物的肩背包，外披薄外套。工作學習時，老師請他將背包與外套放在個人置物櫃裡，他說要背著披著，老師想改變需要慢慢來，也就順著他。

然而，縫製抱枕時，他把背包擠在不夠大的抽屜，導致另一半突出在外、頂著肚腹，只要起身，背包就會滑落。使用簡易織布機時，他把背包放在腳架邊，起身時，難免絆到而踉蹌。老師苦苦相勸都難讓他順服，最後強制把背包拿到置物櫃。衝突隨即爆發，兒子歇斯底里的捶桌摔椅，嚇壞個子嬌小性情溫柔的老師。

兔兔幾次暴衝後，換來一位體型高大、性格剛強的老師，教室也隔出一個小角落，防護牆壁、軟墊地板、還有大抱枕，稱之為多功能空間。孩子想休息或要生氣了都可以到小房間，要躺、要捶、要打、要叫都行，只要不傷害自己。當然，老師報告他發飆的電話也來了，我們只能道歉、溝通。一次又一次，都是掛上電話後趕緊去買背包，從大的換成中的，再從中的換到小的，只希望它小到不再衍生事端。

在年末的ＩＳＰ（個別化支持服務計劃）會議上，我無奈提及此事。督導詳問情況後指示：「在不妨害他人的前提下，以服務對象的安全感需求為最高考量，所以就給他背吧！」這才終止了兔兔、老師、家長三方都艱苦的日子。

一連串的事情讓我知曉，「固著性」如同膚色一般，是與生俱來的，是一個人的一部分，剝不開也換不了。除了身邊人的理解與接納，到目前為止，我還沒讀到、學到其他的應對方法。

我寧願相信宇宙裡有一個屬於兔兔的星球，那裡的人們有獨特的思維模式、生活習性，沒有隔閡，相互接納，一如我們世間的平凡生活，而誤闖地球的他與我成為母子，才有那一連串他不順、我也苦的磨人小事。想不讓這緣分成為一樁憾事，身為母親的我，應是第一個接受他的人，否則怎能怨怪別人排斥他呢？

固著與依戀之二：生活篇

曾經，我單方面的以「為了你好」「讓你像個正常人」的態度教養著他，忽略了兔兔雖然生活上仍需要我的協助，但自主意識已經成型。

媽咪，一點叫我！

「媽咪，一點叫我。」這句話，從兔兔七歲的某一天起，成為他每晚睡前必說的一句話。仔細想來，「聽到耳朵都長繭了」的說法，其實是為有選擇權的人設立的，因為還可以厭煩、敷衍或不理會，但我不在此列，一定得好好回應，否則這一夜不會有「晚安」。

起初，這個指令出現在一日將盡、我的身體電力歸零時，因此沒好氣的說：「叫你要幹嘛？」結果換來的是生氣跺腳吼叫：「你不叫我，我也要起來！」後續的混亂讓全家無人能好好睡覺，翌日更因晚起而忙亂。更糟的是，每晚睡前成為母子的緊張時刻，兔兔要我一點叫他起來，我要知道起來做什麼，他不說，我不鬆口，日復一日，沒有輸贏，沒有人好過。

以往當兔兔順心而我糾結困頓時，我學著調整自己心態，至少他是快樂的。然而那段日子雙方都不順心，夜晚已然不是勞累後的休憩時刻，而是一場戰爭的開始。長期的窒悶讓我開始思量，面對他那問不出來的黑洞，我必須長出力量，不能害怕與閃躲。

一晚，又到睡覺時間，我準備好心情應戰。

「媽咪，一點叫我？」他手扶欄杆坐在樓梯，近乎哀求地說。

「喔，你想一點鐘起來？」我順著語意問。

「對啦，一點叫我，好不好嘛？」他忍著性子用力的說。

「媽咪可以考慮叫你，但你要跟我說，起來做什麼？」我平和地問。

「我就是要起來，你不叫，我也要起來。」他耐心全無的吼叫起來。

「如果你不這麼大聲，又告訴我起來幹嘛，我就叫你。」我說得堅定。

「好啦！一點叫我喔！」他說。

他把聲量放小，但顯然只聽進第一句，依然沒解釋一點起來做什麼。我知道再說下去又要激起戰火，便不再回應。他乖乖走回房間，躺下前又不放心的說：「真的要叫我喔！」

那一夜，我一邊設定鬧鐘，一邊反覆思量：叫了一次，會不會從此半夜都得如此？想著想著便睡著了，且疲累得一覺到天亮，所有揣想的事都沒發生。第二天，原以為他會因為我沒遵守約定而發火，想不到他卻西線無戰事的說：

「媽咪，你黃牛，沒叫我！」

「歹勢啦，媽咪累得一覺就到天亮，根本……」

我話還沒說完，他一溜煙跑掉了。我鬆了口氣，原來擔憂的衝突都沒發生，只留下一連串的問號。半夜一點起來究竟要做什麼？他的世界裡發生了什麼事？我時時刻刻在他的生活裡，怎麼會沒參與到？

在那個國內醫界學界對自閉症與亞斯伯格症都還處在摸索階段的年代裡，我只能從極有限的書籍或期刊中得到一點點的概念，但對於要如何應對則毫無頭緒。兔兔過去的一些固著行為，家人多半已經接受，不接受的也睜隻眼閉隻眼的過去了。這回的「一點叫我」著實是困擾我最久的懸案。

在我正面迎戰之後，漸漸學到編織謊言而心不忐忑的功夫——「叫你了啊，可是你睡得像豬一樣，根本沒反應啊。」說詞不盡相同，但都必須輕鬆幽默，才能讓他買單。

自始至終，我不曾在半夜叫過他。

某個週末晚上，一群朋友的家庭聚餐選在我家頂樓加蓋的木屋舉辦，大夥兒熱熱鬧鬧地吃喝聊天，小孩樓上樓下嬉戲追逐，直到深夜。剛過一點，大夥兒準備散去，我先下樓，看見其他孩子早已橫七豎八睡著了，只有兔兔一人靜靜的在起居室看電視。我說：「看啥啊？該睡了。」他平和又滿足的說：「看布袋戲呀，我要看完才睡。」我這才想起，一年多前的某次家庭聚會也是這般情景。原來那時他發現霹靂台在半夜一點有布袋戲播出，而他不會敘述，才出現每晚他鬧鐘式的要求。

幾年過去，「媽咪，一點叫我。」仍是兔兔每天睡前必說的話，我習慣的說：「好，晚安喔。」就像他的主治醫師說的：「他不說，不能安心睡覺，就把它當作是睡前的儀式吧。」

嗶！嗶！嗶！嗶！

隨溫度的變化開關冷氣，是我們的認知和習慣，但兔兔不是。深秋，氣溫稍降，我們會開窗讓微風吹進房間，舒爽且節能。但兔兔回家進房間的第一件事，依然是開冷氣，「嗶！嗶！嗶！嗶！」四聲，冷氣機上四個燈全亮了，他就安心了。

我是3C盲，只知道第一個「嗶」聲是開機，不懂後續三個是什麼功能。我相信他也不懂，但自從爸爸教他使用遙控器之後，他的開機模式就是如此，即便後來爸爸解說哪個燈不需要按亮，他依然故我。

接受，其實是最好的態度。但當暑熱已過，四個嗶聲響起時，媽媽的背脊就發熱，抑制火氣的功能必須大大的用上。

「會熱啊？回家慢慢走就行，幹嘛用跑的？」

「喂，你是北極熊，要住在冰天雪地裡啊？」

「你先把外套脫掉，再看看需不需要開冷氣？」

……

起初，他還能耐著性子聽我說這些話；後來他回家進房，立即鎖上門，「嗶！嗶！嗶！嗶！」之後，有誰說句和冷氣有關的話，就會聽到他用力打開門，再更用力地「砰！」一聲關上，也把我們的嘴緊緊鎖上。

無數季節交替後，我慢慢學會不再費力壓抑，不再懊惱浪費電力，就靜靜讓事情發生，冬天到來時，暖暖的棉被就會取代嗶聲了。

從他一出生，日常生活就是一個修練場，他是老師，我是學生，教導不曾消停。我們怨著也學著，時間一久，終於懂得「克服」與「順服」，是行走人世的兩招好功夫。

被子不要洗

兔兔的房間原本有個小陽台，女兒的則夾在主臥與哥哥房間之間，只有一個對內窗。女孩兒稍長，心思夢幻了，渴望有藍天白雲、星星月亮相伴，就有和哥哥交換房間的想法。問了哥哥，他竟然大氣的說：「好啊！你喜歡就跟你換。」

後來，兔兔高中畢業後安置在新竹，一週回家一次，我總趁週一爸爸載他去之後，將他的房間打掃、除溼，也洗被單床罩，又在週五他回來前，將床鋪整理整齊，並把除濕機搬出房間。有時被單床罩換新或來不及裝上，他回來發現房間有變動，週一離家後會寫簡訊：「被子不要洗。」直到換用智慧型手機，他改以 LINE 傳訊息。

起先，我不懂兔兔的心意，詢問了也只說「就是不要洗」，若再追問，他就生氣。後來爸爸旁敲側擊，才知這些我自以為勤勞且再平常不過的事，讓他覺得隱私被侵犯。我試著表達只是想讓房間乾淨些，沒有其他意圖，但沒用，只要話題開啟，他就不高興。在那之後，我依然整理房間，只是最後要將床鋪弄亂物品散置，好像什麼事都沒發生過那般。

我小心翼翼地調整作法，但兔兔習慣了傳訊息，從每週一兩次增加到天天，即使我回娘家數日或幾次到遙遠的泰北從事教學工作，他還是傳，唯一改變的是訊息的字數長短，從「被子不要洗」五個字遞減為「被子不洗」、「被不洗」、「被不」、「被」。期間，應是他發現沒提到除濕一事，又改成「被不廚曬洗」，我回他「『廚』是錯字，要寫『除』才對」，他不理會。這樣的情況一直持續著，即使三年前兔兔轉回桃園的日間照護機構，過著朝八晚四的「上班」生活，每天一走出家門，兩三分鐘後，我的手機必定「叮咚」響起，上頭寫：「被不廚曬洗」。

兔兔這些儀式般的固著行為，有的如根深植在他的生活裡，有的因著年紀、需求、情勢的變化而消失，或者再生新事。醫生說：「固著行為是亞斯伯格症的主要特徵之一，對他來說，那是很自然的、需要這麼做的事，只要不害人傷己，就別試圖去改變它，因為誰都不喜歡被要求改變。」

曾經，我單方面的以「為了你好」「讓你像個正常人」的態度教養著他，忽略了兔兔雖然生活上仍需要我的協助，但自主意識已經成型，干預過多、尊重不足都會引來風暴，讓彼此飽受折騰。回看他一路以來的固著諸事，幸好有醫師不斷的牽引與提醒，讓我一次次的修正想法和態度，否則真不知他會被摧殘成什麼樣子了。

灼熱的擁抱

我們不會要求盲人看到東西、啞巴開口說話，因為那明顯的不同讓人接受事實，但對一些與生俱來又與眾不同的行為特質，總是希望透過方法矯正，讓它趨於「正常」。

與人初見面，兔兔打招呼的方式是「熱烈擁抱」。所以小時候他特別討人喜愛，因為多數人都喜歡被孩子擁抱的那種柔軟無邪的感覺。他對每位來訪又正式介紹給他的人，在我說「叫阿姨」、「叫叔叔」、「叫姊姊」後，都熱切擁抱。我原以為那是他性格裡的美好特質，然而隨著他年紀增長，身體不再柔軟，抱人力度加大，讓人感覺不舒服的情況開始出現。

五年級時重新評估兔兔身心狀況，醫生和他單獨相處對話，才發現這是一項人際互動缺陷。從那時起，無論是個別或團體治療，目標都增加了「合宜的人際互動」這一項。

我們不會要求盲人看到東西、啞巴開口說話，因為那明顯的不同讓人接受事實，但對一些與生俱來又與眾不同的行為特質，總是希望透過方法矯正，讓它趨於「正常」。從兔兔十二歲開始，家人的殷殷提醒、醫院治療師的行為改變練習，到教養機構老師的糾正，從沒中斷過，即使如此，還是發生了一些不愉快的事。

事件一

兔兔念國中時，某日放學時在校門口等待我去載他，同學們則遵照糾察隊的哨音指揮過馬路。隊伍中有一位我教過的女同學，他開心叫喊並上前拉她。剛好哨音吹起，女同學急切地想盡快過馬路，幾秒鐘的拉扯，被女同學的家人看到。這場被視為調戲女生的事件鬧到了輔導室，幸好輔導室主任老師們都了解兔兔的情況，向家長說明，並要兔兔道歉後，才平息事端。

事後，輔導室老師對我說：「對兔兔來說，這是孩子之間的芝麻小事，但放到成人的世界裡，就是欺負，我們必須讓兔兔明白，年紀愈長，界線就愈分明。」我鞠躬謝謝老師的解圍和提醒，然後牽著已感覺到問題嚴重性的兔兔離開。

當晚，我打電話向女學生的家長致歉。已然理解的家長寬慰地說：「誤會啦，都不知道老師您這麼辛苦。」那一刻，我想說：「還好啦！」卻哽咽得說不出話來。在學校每每碰到學生有狀況，家長很困擾時，我總是說：「你們辛苦了，我們一起來幫孩子。」這一回兔兔惹來調戲事件，本就讓我感到難堪，與家長又曾是親師關係，那種處境對調不宜訴苦多說的局面，讓我少了以往的理智，多了尷尬和傷感。

事件二

四年前兔兔離開新竹，進入桃園的教養機構，每天早上搭車前、下午下車後走在巷弄裡，他會熱情的向鄰居長輩問安。時間久了，這些爺爺奶奶伯伯阿姨都喜歡他的熱情，也略知他的脾性。依他的說法是：「混得很熟了。」於是他不時會有幫忙提東西、叫人來家裡坐坐、拉手擁抱撒嬌等舉動。

一天傍晚，對我們友善卻與多數鄰居不甚親近的張太太來找，秀出脖子上的護頸圈，說她頸部先前就有治療許久的舊傷，今早推著機車準備出門時，正巧遇見兔兔，兩人熱絡互打招呼後，兔兔突然撒嬌說：「我要阿姨載我去搭公車！」隨即跨上後座。剎時間，機車車頭翹了起來，她整個人向後仰，脖子再次扭傷。

一直以來，只要對方友善，兔兔的立即反應就是可以抱抱、撒嬌，如今惹惱這位頗有脾氣的阿姨，我有些不知如何應對的拚命道歉，關心是否已就醫，還說醫藥費、生活上的不便、精神方面的耗損我們都願意賠償。她一遍又一遍的描述事件過程，並說：「這麼大的人怎麼可以這麼隨便？你是當老師的人，要把他教好。叫他以後離我遠一點。」

我沒有叫兔兔出來道歉，因為張太太的說話方式，極有可能是點燃他轟翻整條巷子的炸彈。張太太離開後，我的腦子嗡嗡作響，身體有一種難以言說的疲累，就跟先生大概說了事情經過，又請他煮水餃權充晚餐。

第二天，我提著水果禮盒到張太太家致意，關心她頸椎的情況，也稍稍解釋兔兔的障礙特徵。張太太又再說著事情經過，以及醫生的告誡。幸好我的卑屈與誠意安撫了她的性子，臨走前亦請她記得留下看診收據給我。這樣的問候持續約一星期，直到她說：

「你不要再來了，叫你兒子以後不要來惹我就好。」

那幾日，我沒有和兔兔談論這次事件，仍緊繃著的狀態不適合碰觸，只請爸爸去旁敲側擊，看他願不願意說，願意了再教才有意義。

約莫一兩週後的某個夜晚，他躺在床上要我幫忙掏耳朵，那是個祥和安好的時刻，我自然開啟對話：

「張阿姨家的小狗在路中間便便，被張阿姨揍了。」

「小狗活該。不要說那個阿姨。」

「喔，怎麼了？不說她？」

「她兇我，說走對面，不要走她家那一邊。」

「嗯，可能她脖子痛，還在生你的氣。」

兔兔沒說話。

「有沒有想跟她道個歉？」

「不想，她太兇。」

「那就暫時不道歉，以後要請人幫忙之前，我們就先問問人家願不願意。」

「嗯。」

不知道他是否聽進去了？以後能不能有一些改善？我知道以他智能不足與自閉都是輕度的情況，只要願意、只要堅持、只要一直做，是可以存抱希望的。相較於許多中重度的孩子，他們堅如磐石無法扭改的各種特質，他們父母的辛苦遠比我多了千百倍。我嘗到的、兔兔經受的，都只是他們苦難生活裡的一碟小菜而已。

現在的兔兔依然會用力擁抱，甚至把人騰空抱起，但只限於很熟悉的朋友親人。被抱的叔叔阿姨們都知道要盡快喊：「喔，好了，好了。」「停，停，我腰會痛。」此時，他就會鬆手放下，用娃娃音說一句：「哼！不跟你玩了。」然後揚長而去。

兔兔的朋友

他如此想與人交流互動，卻沒有正常的社交能力和技巧，以至於始終像一座海上孤島，所謂的朋友，只是撲向島嶼的海水，激起一陣浪花後又瞬間離去。

鍵盤敲出這五個字，自己都笑了。兔兔根本沒有朋友，寫什麼呢？

然而若問兔兔這個問題，他肯定說自己的朋友太多了，像蘇阿姨、高阿姨、淑美阿姨、善欣阿姨、祝英阿姨、秀珠阿姨、涵姊姊、佩瑛姊姊、小巫姊姊……。是，有唸不完的阿姨姊姊，但都是我的朋友、同學或學生，經常出現在我們家，見過他，與他有一些互動而已。

平常只要看我講電話，他會問是誰，然後要與對方說話。倘若有訪客，他總是熱情得又摟又抱，年長的叫媽咪，漂亮的叫姊姊，再說上一堆有的沒的話。認真思索這事，真覺得老天弄人，因為他如此想與人交流互動，卻沒有正常的社交能力和技巧，以至於始終像一座海上孤島，所謂的朋友，只是撲向島嶼的海水，激起一陣浪花後又瞬間離去。

出生至今，除了親人、保姆、老師與工作人員，不曾有人主動靠向他，更別說與他產生情感上的連結了。

小學四年級時，公共電視以精神障礙者為主題製作了「心靈之約」節目，我們受邀參與過動症的部分。拍攝學校生活時，級任老師特別安排一堂打躲避球的體育課，球場上同學紛紛傳球給他、喊他、接近他。一時之間成為眾人的焦點，讓他覺得熱鬧有趣，然而等拍攝團隊離開後，一切又回到原來的樣子。媽媽看在眼裡，心裡是難受的，他倒是一派無所謂的模樣。

十九歲進入新竹教養機構後，白天在教養機構裡有同組夥伴，晚上則有社區家園的室友。我為他的不再孤單感到高興，也想著或許能在那裡因同病相憐而結交到朋友。機構的老師也鼓勵學員們假日互通電話，然而他的反應淡然：「打電話要說什麼？」離開新竹後，他與那些朝夕相處的夥伴果真是相忘於江湖，不曾再提起。

我其實不清楚兔兔對「朋友」的認知為何，也無法幫他交朋友，只能讓身邊的朋友認識他，讓來訪的客人與他互動，讓短暫的歡聲笑語稍稍撫慰孤島的寂寞，如果孤島會寂寞的話。

圓缺共存，我接受缺，也想望圓，看他擁有「有朋友」的感覺或回憶時，我的心也鼓得滿滿的，那種幸福感遠遠勝過自己擁有，於是對他與朋友互動的記憶也特別深刻。

暐筑

暐筑，是兔兔小學三年級時的同班同學。

新學期開始，他倆同坐第一桌。上課的第一天，兔兔聯絡簿上的筆跡端正，一看就知道不是他寫的。他說：快放學了，來不及抄，暐筑就幫我抄，還叫我以後要早一點抄。

有一回，老師在聯絡簿寫兔兔上社會課時哭鬧。問他，他說黑板寫得滿滿的，根本不知道要從哪裡抄起。後來呢？後來的事是級任老師說的——暐筑告訴社會科老師，兔兔一下子看太多字，眼會亂、心會急，才發脾氣，可不可以下課後她再教他慢慢寫？老師同意了，哭鬧風波也化解了。

從此，兔兔每天回來說的都是暐筑：暐筑叫我說話不要太大聲、暐筑拉我袖子叫我不要玩、暐筑叫我抹布擰乾才擦磁磚、暐筑叫我……。我聽得開心，像是來自天使的訊息。茫茫人海，我遇過不少有情有義的人，但多是成年人，遇到暐筑，不，兔兔遇到她，我才真正體會「恩人」的定義。

三、四年級階段，我的心輕省許多，因為兔兔身邊有個人會留意他，幫助他，讓他免於陷入窘境。一個小小孩子卻擁有讓大人安心的能量，我的感謝真是難以言喻。四年級的兒童節前一天，我準備了一份禮物，卻因匆忙忘了帶到學校。晚上，我親自送到暐筑家，她父母樸實謙和。暐筑在一旁羞赧地說：「沒有啦，其實我也沒做什麼。」

涵姊姊

她是兔兔在新竹安置時期最後一任的夜間教保員，年輕、溫婉、耐心足，對孩子的照護秉持理念又無微不至，深受孩子們喜歡，更是兔兔的偶像，涵姊姊的每一個交代，都勝過我的千萬叮嚀。

兔兔離開新竹後，有三個月的時間在家等候進入新機構。起初他像放假般的開心，久了不免無聊乏味，情緒也開始起伏不定。

我苦無對策，向涵姊姊求助。她透過 LINE 與他聊天，也建議他做些事打發時間，譬如畫圖，再拍照傳給她看；從 YouTube 找歌來聽，同時傳給她聽；以及拍下每天的晚餐等。於是兒子像寫作業般照做，只要得到涵姊姊的回應，便興高采烈的拿手機來和我分享。

一段可能的小小風暴期就這麼平安度過。現在兔兔依然每天拍晚餐照，傳給涵姊姊，若是外出吃大餐，店名、菜單、美食都不放過，還會貌似無奈、實則得意的說：「沒辦法，姊姊要看。」

佩瑛姊姊

她是我的學生，原先在外地一所國小的附設公幼任教，後來請調回離家較近的母校，師生重逢已是喜悅，不曾想是另一段佳話的開始。

多年前，兔兔某次生日的前一天，佩瑛與另一學生來家裡喝茶聊天，我介紹給兔兔認識，兔兔與她們哈拉半天之後說：「姊姊明天來吃蛋糕！」佩瑛問我可以帶他去錢櫃唱歌慶生嗎？

兔兔沒有朋友，自然不曾有人邀約，長大後又不願與我們一同參加社交活動，所以任何能與外界接觸的機會，只要他願意，我都樂見其成。

這一回有美女同行，打破了他固著的藩籬，平生第一次走進KTV，歡喜之情溢於言表。從此，每年生日與佩瑛去錢櫃唱歌成了他認知裡的年度大事。二〇一五年十月某日，我在網誌記著：

約會

明天是兔兔生日，他不在意吃蛋糕嗑大餐收禮物諸事，只等著和佩瑛姊姊去錢櫃唱歌吃沙拉吧。

從年初開始，和姊姊通電話的內容都是在喬日期：「五月有園遊會、六月有啦啦隊比賽、八月有亞特盃運動會，我的斯給久排滿滿的，你要趕快確定日期，要不然我怕沒時間呀！」進入九月，兔兔也打電話給我：「媽，你幫我跟姊姊喬時間啦！姊姊一直沒確定，我都不好意思說。」

佩瑛是我早年教過的學生，擔任幼稚園老師，很能耐著性子聽兔兔言不及義的說話內容，又格外能看到他的單純無邪，常常說他「好可愛」。這般對待不容易，只請兔兔一次，是禮貌是客氣；年年如是，是內心存著一份動人的悲憫。

網誌貼出後，佩瑛留言回應：「很高興能帶給壽星歡樂，每次相處都能感受到他的成長，他的貼心與懂事更讓我感動，願他永遠平安喜樂！」

寫著這些事，我有些恍惚地認為，說他沒有朋友是錯的，也許助人者與受助者就是一種朋友關係；又或者，只要持續互動、情誼還在，就是朋友。我想，就如同金門大膽島上的勒石刻字「島孤人不孤」那般，只要海不枯石不爛，就會有撲上岸的浪花，讓兔兔的感知範圍內有朋友不孤單，就好。

妹妹

在理應享有父母全部的愛的年紀裡，有一個耗盡大人心力的哥哥，她能分到的愛自然少了。再加上哥哥常常失控、媽媽疲累挫敗的戲碼日日在她眼前上演，她小小的心靈也受傷了。

兔兔和妹妹相差兩歲，兔兔長得高大，妹妹身材嬌小，就外型確實符合兄妹一詞，但僅止於此，其他方面的反差懸殊，其實更像是姊弟。

孩子很小的時候，我們住在先生任教的大學宿舍裡，宿舍的院子很大，還有三棵老樹，室內空間卻小得隔不出一個書房，先生經常吃過晚飯後，又回到研究室備課。我一打二的帶著他們洗澡、遊戲、睡覺。

洗澡前，我對著床上還未滿週歲的妹妹說：「妹，媽媽去洗澡，你在這裡躺著不要起來，哥哥在浴室門口，他要看到媽媽才不會哭鬧。」她似乎聽懂，對我眨了眨眼。我將薄被捲成圓筒狀，圍在她四周；再把兒子放進嬰兒床，推到浴室門口，然後一邊跟他說話，一邊快速洗澡。

後來，妹妹學會走路，也快速學會當哥哥來搶玩具時丟下並離開，免得哥哥生氣了出手打人。再大一些，她會說完整的句子了：

「哥哥，我當小紅帽，你當大野狼來追我。」

「哥哥，一人一本，我們來看故事書，媽媽去煮飯。」

「哥哥，你看，把釦子放到小洞，再推一下，就扣起來了。」

「哥哥，擤鼻涕要拿衛生紙，不要用袖子。」

……

幾年後，我們買了房子，搬離宿舍，兄妹一起上幼稚園。每天放學返家時，我會問「今天開心嗎？」哥哥丟下一句「開心！」隨即奔上樓看布袋戲。妹妹則會絮絮叨叨地說今天學了什麼、唱了什麼、玩了什麼。

有一回，她說同學嘲笑哥哥笨，她很生氣地罵回去：「不會就不會，有什麼好笑的？」

兩人都上小學後。每天早上她總把自己穿戴整齊，坐在客廳沙發，靜靜地看著、等著我費力叫哥哥起床、刷牙洗臉、穿衣穿鞋，然後讓我載到學校。

二年級某日，兔兔的拖延讓我肝火大動，最後搞得母子二人眼淚鼻涕縱橫才出門。我一路流淚，不似平日按下CD播放器，讓他們聽美語錄音帶。快抵達學校時，妹妹從後座站起撫著我肩膀說：「媽咪，上帝選擇你當一個過動兒的母親，是因為祂知道你會善待他。」過後，問她這句安慰我的話是怎麼想到的？她不好意思的說，是從一個電視廣告聽來的，本來不是說過動兒，我把它改了，覺得用在媽媽身上很恰當。

在理應享有父母全部的愛的年紀裡，有一個耗盡大人心力的哥哥，她能分到的愛自然少了。再加上哥哥常常失控、媽媽疲累挫敗的戲碼日日在她眼前上演，她小小的心靈也受傷了，症狀是夜裡頻做惡夢，不時尿濕褲子。我心裡清楚緣由，卻無力改變現狀，只能向醫生求助。從此她也加入心理諮商的行列中。

小學四年級，也是某次上學途中，一旁的兔兔睡著回籠覺，她輕聲問：「媽咪，哥哥以後怎麼辦？」我知道這件事一直盤繞在她心裡，也早早備好答案，只是心疼她面對沉重的事，卻這麼輕輕問。

「別擔心，你走你的，哥哥我會負責。」沒說出口的是大人的話語：我怎能讓他連累你呢？

她漸漸長高、長亮，在學業與才藝上優游。雖然兄妹的房間相鄰，但互動已少。我也提醒兔兔：「妹妹很辛苦，要讀很多書、考很多試，我們盡量不吵她。」他聽懂也做得到。

五年級時，她在校刊上發表一篇我沒看過的文章〈我最感動的事〉。敘述為了幫媽媽訓練哥哥買東西的能力，經常帶著他到商店。某次買米，發現少了十塊錢，未曾遇過的情況讓她不知所措，結果哥哥慨然將手上的零食放回架上，補足了米錢。

她說那一刻讓她享受到被哥哥保護的幸福感覺。原來，在我看不到、想不到的地方，許多事情默默發生著。

國、高中時，正值荳蔻年華，她埋在書堆裡，像一般女孩努力地度過。

大學，在關渡，是她熱愛的科系：戲劇。她如海綿般熱切地汲取知識與經驗，每個學期末她會打一通長長的電話給我，開頭都是：「媽咪，我又過了一個快樂又充實的學期。」結尾則是：「哥哥在新竹好嗎？」電話這一頭的人母，此時眼睛總是蒙起了水霧，直說：「好，很好，你放心。」

大二寒假，她參加一個為自閉症孩子舉辦的營隊，三天兩夜陪伴孩子。結束後，她打電話回家述說過程與感想，末了悠悠的說：「媽咪，我現在知道你有多辛苦了。」我笑笑的回答：「愈來愈好了啊！」

大四，她與同學合作拍攝一部以自閉症孩子為題的紀錄短片，整整一個月跟拍，看他們如何來去家與診所之間，如何學習利用電腦和父母親對話，甚至展現思想與才華。影片裡她撰述的旁白真誠動人，我知道哥哥辛苦的成長路程，牢牢烙印在她心中，更化成慈悲血肉。

那之後，她假日回家，與哥哥的說笑互動不再沉重，對哥哥生活上的協助更有定見與耐心。

看過、讀過許多身障者的手足，有被父母長期忽略，形成性格上的傷痕；亦有被要求（或者自願）照護身障者，而放棄追求自身夢想的故事，雖然無關對錯，但我仍然慶幸在女兒受到忽略與傷害之際，及時尋求醫療上的幫助，並自我調整，才止住了惡化。

更欣慰自己對孩子「沒有期待，只有等待」的教養態度，讓兩個孩子能夠健康成長。

大學畢業後，她沒接受我們為她準備的出國深造基金，開始在劇場工作。她的說法是，「劇場是檢視四年所學的地方，將來若有不足再說。」她就這樣一頭埋進舞台劇領域，排練、演出、寫劇本，日復一日。台灣的舞台劇仍是小眾市場，收入不多，幸好她物欲不高，也樂在其中，沒說過辛苦。

現在我們守著三十多歲的兔兔過日子，妹妹自己在台北打拚。我抱著「過好今日，不憂明日」的心態面對生活。但對她而言，「未來」卻是一道實實在在的課題。

去年底，她趁著元旦假期返家時，提出如何照護父母的老年與哥哥下半生的議題，和我們討論。既沉重又勇敢的態度，瞬間惹哭兩老。她說：「就因為是一個人承擔未來三個人的老弱生活，所以必須了解你們的期待，及早做規劃。」

我想起當年既相似又迴異的對話場景：「別擔心，你走你的。」言猶在耳，重擔卻移轉到她肩上。那一夜，我為生命的自然法則唏噓，為我們有個好女兒、兔兔有個好妹妹欣慰，也為她得獨力扛著我們的未來而心疼，三種相互糾結的複雜心緒，讓我在滴答分明的鬧鐘聲裡，一夜難眠。

輯三

泥淖與荊棘

情緒風暴

他好惡分明的情緒，毫無修飾的展現在生活裡。稍稍感覺到壓力時，就藉著芝麻小事嘩啦啦地傾倒在媽媽身上。

兔兔小時候，掀起的風暴小小的，起因多是不如他的意：泡奶慢了、搆不到東西、想吃的不給吃。他會因此自殘，例如以頭撞牆、抓傷自己的臉、手、腿，惹得保母心疼地對他拍胸脯說：「傻孩子，撞牆太痛了，撞這裡。」「我的皮厚，抓我的。」

稍大些，兩手能觸及的東西多了，除了自殘，還加上破壞：掃落一桌玩具、餐食，踢翻一籃子物品，丟擲書包文具等。初為人母，哪知是病，見狀總是阻擋、訓話、說理。開始就醫後，醫師開立穩定情緒的藥，平常時候，確實讓他較不毛毛躁躁，但真不順意時，發飆的情況依然。

國、高中時期，兔兔已有大孩子的模樣，有些事可以討論或商量。那時全家就我沒有屬於自己的電腦，必要時只能借用其他家人的。某個週末，我因隔天須交出一篇文章，跟兔兔借了筆記型電腦。才不到半小時，他即頻頻來問：「好了沒？」我的交稿壓力，加上被他催逼的不耐，交相催逼成一團火球：「還你還你，我不寫了。」他愣愣地接過電腦，隨即，手捧電腦砸向自己的額頭，怒哭起來……。這起事件的結果是兩敗三傷，我怒、他哭、電腦螢幕輻射狀破裂。

長期面對兔兔的風暴，我除了痛苦無奈，完全想不出解決辦法。一直到離開職場，不再有時間追趕的壓力，整個人放鬆下來之後，才有餘力反思而理出一個結論：不順他的意和他無法表達，是暴怒的原因。當下我的任何言語都是火上加油，讓他的情緒更高張、吼叫更大聲、毀損的東西也更多。

我開始試著在他生氣時，不說任何話地離開現場，一邊留意他的動靜，一邊繼續手邊原本的工作。有時他因暴怒而元氣大傷，累得睡著了；有時是過了約莫二、三十分鐘，他會坐在樓梯半道，輕聲地問一些瑣碎事來緩和氣氛，像是：「媽咪，晚上吃什麼？」「媽，我的褲子口袋破了！」「媽，晚上內衣要換嗎？」那時我必須快速忘記半小時前的一切，若無其事的的回應：「喔，吃咖哩飯。」「怎麼破的？褲子放床上，媽晚一點再補。」「今天不熱，沒流汗，不用換。」我知道他情緒緩和了，事情過去了。我也曾經想在那和緩時刻與兔兔討論生氣的事，但他隨即變臉離開，意思是過了就過了，什麼都別說。

兔兔十九歲到新竹的教養機構，三十歲離開。在十一年的歲月裡，他的適應磨合期超過六年，直到後面五年才稱得上太平時光。還記得剛去一個月後的某日早晨，他打來電話。

「媽咪，我想換宿舍。」

「怎麼了？」

「不喜歡現在的宿舍。」

「喔，你跟老師說了嗎？」

「沒有，媽咪去說。」

「好，我說，但是能不能換，決定不在我。」

「一定要換！」他吼叫起來，然後掛斷電話。

中午，機構社區組長來電，說兔兔穿涼鞋露出的腳趾，因踢牆而破皮流血，醫務室人員已經幫他包紮，但想與我當面談談。可以想像早晨那通電話，他是邊說、邊踢著牆講完的。我有一種要被「退貨」的預感。次日請假前去，果然就是。

「兔兔在這裡不快樂。」

「我想是的，適應新環境會辛苦些。」

「如果這麼不快樂，我們該有另外的做法。」

「你們想怎麼做？」

「兩個做法，一是轉介，一是請你們帶回去。」

「喔，轉介到哪裡呢？桃竹苗地區的教養機構我幾乎都看過，來你們這裡是我認為最好的選擇。至於帶回家，正常人到新環境都需要適應期，何況對有障礙的孩子，給他更長的時間是必須的。所以，即使他不快樂，也請你們給他半年、一年的時間來適應，好不好？」我的堅持與懇求奏效，但他的情緒風暴確實是一大隱憂。衷心期盼這一以天主之名創建的機構，終能真正慈愛無邊的接納我的孩子。

那之後，我的心情忐忑，甚至開始著手翻看那些曾經參訪過的機構資料，找尋退而求其次的備案。過程中，日日心苦，覺得養育這孩子的路實在太難走了。

天主垂憐，那之後仍有多次風暴，摔椅子、撞門、從機構出走等等，我卻沒再被約談，而是社工、教保員、老師一次次的告訴我情況和處理過程，每一次的談話都以孩子的最佳利益為前提，讓我感動又安心。兔兔也在這有愛的環境裡，一點一滴的學習生活，那曾經非常容易自傷的牙爪，一吋吋地磨得平些，又再磨得更平些。

在新竹的最後兩年，機構進行內部調整與家園搬遷。家園住民雖然各有障礙，但都熟悉環境與老師指令，所以或多或少能從事一些搬家前的準備工作，例如：收拾私人生活物品、整理搬家器具等。兔兔也聽話盡責地做著，只是隨著搬遷的日期愈近，假日返家的他，話明顯多了起來，重複說著老師交代的事。

起初我認真聆聽，也給予讚賞，但後來竟然一晚上進出我臥室二十幾次，說的都是同一件事，我彷彿看到他的腦容量因裝不了太多事而溢了出來。有固著特質的他，經不起頻繁的變動而失去平衡，我警覺到那是爆炸前的倒數訊號。

在他睡下又起身來到我房間時，我輕輕抱住他說：「別擔心，好好睡，媽媽明天跟老師打電話。」頓時，他原本僵硬的身體鬆了些，說：「一定要打喔！」就回房睡覺。

次日，我除了打電話跟機構老師報告，還預約了他的主治醫師的門診。在老師的安撫與醫療及時介入之下，他的焦慮和緩許多，漸漸回復常態。

二〇一九年兔兔從新竹回到桃園，我們相處的時間增多，許多矛盾衝突也赤裸裸地浮現。

他深知我主導他的大小事，所以非常在乎我說的任何一句話；他也看懂我凡事以他為重，於是吃定媽媽的態勢非常明顯。他好惡分明的情緒，毫無修飾的展現在生活裡。稍稍感覺到壓力時，就藉著芝麻小事嘩啦啦地傾倒在媽媽身上。而一向堅強的我，總有撐持不住的時刻。

在他下午四點到家前，我藏進被窩裡假裝睡覺；在他發飆時，我躲到頂樓陽台假裝洗衣晾衣。我的身心處在驚弓之鳥的狀態裡，我向機構的老師反應，也求助於桃園療養院，機構社工增加與兔兔的聊天時間，醫師也安排兔兔做諮商，這都讓兔兔多了宣洩的出口，不再唯媽媽是問。

早期桃園療養院陳醫師曾指著當時瀕臨崩潰的我說：「媽媽好，孩子才會好。」這句話真是親子關係的萬年鐵律，唯有我強起來，才能穩定應對兔兔這些情緒暴衝。

在風暴不時來襲的日子裡，有一個讓我不那麼沮喪的現象：兔兔絕對不動手打人，且風暴都會在半小時內停止，然後手機就出現他的訊息。我若一時沒看或沒回應，他還會加碼從 YouTube 選一首歌送給我。某次風暴席捲時，我躲到三樓陽台調節心情。下樓經過他房間時，他輕聲地說：「媽啊，你的 LINE 一直響喔！」是的，手機裡有三則未讀訊息：

「媽咪，對不起。」

一首 YouTube 的大悲咒音樂。

「媽咪，不要氣太久。」

那日，我在臉書寫下未公開的貼文：「三溫暖般的生活，熱炸與冰鎮輪番來，我淚也笑。」

養育兔兔，我就是必須這般鉅細靡遺的感受著、努力著。在笑淚交雜的日子裡，我知道老天一直照看著，我才能不陷入憂鬱又安好的這般回溯、書寫，兔兔也才能成長得既風暴又風趣。

落入凡間的皇帝

「皇帝命」看似富貴好命，毋需為生活奔波勞苦，但一離開衛士守護的舒適圈，面對環伺的狼群，他毫無招架的能力。

兔兔四、五歲時，一個攻讀教育心理與輔導博士班的朋友，正在做民俗心理輔導的研究，問我願不願意讓孩子給囡仔仙算命，他舅舅即是。我抱著「做也無損」的心態，將兔兔的生辰八字交給對方。

不多久得到回覆。舅舅說這孩子是皇帝命，要好好的養。我當時哈哈大笑說：這我知道，無論啥事，都有人幫他做得好好的。

回看二、三十年來兔兔的成長歷程，他確實是一種另類的皇帝命，我也真真做到了「好好養」。尤其是在家以外的任何一個環境裡，我逢山先開路、遇水搭好橋的鋪排著，盡可能讓他以不足的能力平安的度過每一時刻。只是世界廣大、人事萬千，母親的呵護網難以完全覆蓋，小小的輕蔑、大大的欺負仍然不時發生。

宴席上

兔兔國小三年級時，我們參加一場學生婚禮宴席，因為學生的家長是多年好友，所以盛情邀請。餐廳裡喜氣洋溢，相識的朋友同桌或比鄰而坐，大人們嗑瓜子聊天，小朋友們在餐廳寬闊處玩著。兔兔也被隔壁班同學阿凱拉去玩，妹妹倒是留在座位上東看西看。阿凱家在學校側門口開水電材料行，我與他爸爸也算認識，路過時會互相點頭致意。

忽然，我們聽見坐在隔壁桌的阿凱爸爸大聲叫著：「回來坐下！」所有人都望向他，又轉頭看著孩子，阿凱正和兔兔嘻哈打鬧著。阿凱不依的嚷：「我要在這裡玩啦！」

接下來這一幕讓我至今仍然清晰不忘。阿凱爸爸氣噗噗的走去扭起阿凱的手臂喝斥道：「跟誰玩不好，要跟這種人玩？」

我一下子就懂了。阿凱的爸爸知道「近朱者赤，近墨者黑」，期望孩子跟未來能成龍成鳳者為伍，「這種人」不在他期待的框架裡。孩子之間天真無染的情誼，人世間與利益無涉的快樂，都不是他看重的……。但我來不及升起任何心情，看到兔兔驚愣站在原地，趕緊過去牽他回座位。

上菜了，面對美食佳餚我毫無胃口，咀嚼的是那平日和氣相待的人對兔兔的輕蔑，同桌的大人因看得懂也安靜地吃著。突然，兔兔打破沉默問：「媽咪，我是什麼人？」妹妹馬上回話：「他看不起你。」兄妹倆的話像兩把劍刺向心頭，但想著當下是學生喜事場合，不宜壞了氛圍，我強裝鎮定地安撫他：「乖，先吃飽，我們回家再說。」

回家後，我們沒多說什麼話。兔兔只顧著看布袋戲節目，妹妹則安靜地回到房間。直到晚上我陪他入睡時，才說：「兔兔是個好人，所以阿凱喜歡跟你玩；他爸爸不是壞人，只是他沒看到你有多好。以後碰到這樣的人，我們離他遠一點就好。」他說好，然後沒啥心情的閉眼睡去。

安撫他之後，我的心並不平和。阿凱爸爸的「這種人」，沒傷到兔兔，卻像根針刺進媽媽的心。一直努力為孩子設想，打點每個下一步，卻還會莫名飛來小石子，防不勝防。疼痛很實在的提醒自己，教育不了別人，就必須把自己鍛練成銅牆鐵壁才禁得起撞擊。我坐在床邊靜靜凝視他洗淨後好看的面容，聽他均勻平穩的呼吸聲，我彷彿看到他如鏡的心版上，真真只是一抹黑雲飄過。那一夜，是他安撫了我。

校園裡

兔兔國中三年級時，兩個我曾教過的學生借住我家。江江是家遭變故，無法靜心讀書；潘潘是脫離常軌與幫派糾結，母親無力管教，希望有老師看著，免得愈走愈偏。兩人都與我很親，又和兔兔同齡就讀同一國中，但不同於兔兔的日日悠哉，一個有心無力的讀著書，一個懷拽著爆表的戾氣。我要求他們正常上下學，出門須報備，並採多看少說、尊重相陪的策略，生活倒也無差錯的過。

一日，我正煮晚餐，江江上完輔導課回來，罕見的沒立刻上樓，在廚房幫我挑起菜來。

「是不是有事要說？」我問。

「嘿啊。」她猶疑著。

「幹嘛啊，快說！說完上樓去休息。」

「老師，今天潘潘手下的小弟跑來我們班，說你們老師的兒子在福利社附近被一群人圍著……」

「然後呢？」

「那兔兔呢？」

「然後潘潘和幾個同學就飛快跑去，那群人看到一夥人來就一哄而散了。」

「兔兔站在那裡哭。潘潘他們問兔兔有沒有受傷或怎樣，又說福利社附近比較複雜，以後少到那邊晃盪，然後就叫他回教室。」

「兔兔有說他們怎麼欺負他嗎？」

「兔兔說那些人叫他脫褲子，他不脫，他們動手去拉，剛拉下潘潘他們就到了。」

「好，晚上吃飯時不說這些，你去休息。」

「潘潘有叫人去撂話，再有下一次，絕不放過。」

對話很平常，其實我的心很痛。

我努力不去想像那個被欺負的當下，兔兔有多害怕多無助。但想像無邊漫溢，手腳無力得幾乎沒法繼續做飯。

被霸凌的可能性，在進國中時就與學校輔導室討論過，輔導室也巧思幫忙將兔兔安排在第二好班，覺得進好班的學生多專注在課業，少了搞怪欺人的心思，他就多一份安全。只是沒想到他成了班級孤鳥，經常落單形成安全破口。

那一夜，睡前陪他。

「明天早上想吃豆漿蛋餅。」他一如平常的說。

我一直想著該如何問白天發生的事，才不會讓他再難過一次。

「累不累？有事要跟媽咪說嗎？」

「想睡覺，媽咪去洗澡。」

「好，晚安，有事就叫我。」

我抱了抱他，想哭的感覺升起，只好趕快起身，關燈，關門，離開。

他不會掩飾，心思與臉色同步，讓他好睡比問明實情重要，也決定隔天到校了解情況。

晚些，潘潘下樓來。

「老師，以後在學校不會有人欺負兔兔了。」潘潘說。

「你這麼罩得住？」我回覆。

「不是啦，就是不會再發生這類事了啦！」潘潘說。

「好，我謝謝你，但希望你這種 Power 只用在保護弱者的事情上。」我說。

學校輔導室一直是我與學校對話的窗口，主任像導師般的關注著學生，只是心力有限。她為兔兔受到欺負這事致歉，說這類事件多半在送到訓導處之前，就被另一個隱形機制處理掉了。如果是報仇打架鬥毆，學生通常會約到校外解決，所以可以判斷欺負兔兔事件，是偶發的戲弄，往後學校會請他班級的老師同學多多照看。

一個兩三千人的學校，意外事件防不勝防，我也相信潘潘與主任的話能發揮作用，但最必要的，是教會兔兔保護自己。只是，智商不足、表達能力弱，要怎麼教？那是我帶著他面對生活最困難的點，每每思及，都是無力。

時過境遷，追記此事時，我擔心自己的記憶有誤，打電話向潘潘確認，現已回歸正軌為人父親的他狐疑問道：

「老師，您是不是想問我當時有多壞？」

「你有多好有多壞，我會不知道嗎？」

「說實話，我只有兔兔曾經被欺負的印象，但我想不起當時做了什麼。不過可以確定的是，就算不是兔兔而是其他弱勢同學，我也會盡力幫助保護。」

「聽你這麼說，我很感動。」

「真的嗎？為什麼？」

「你想啊，一個平時喜歡逞兇鬥狠的人，都願意保護那些有缺陷的人了，這世界不是很美好嗎？」

「唉呀！老師，欺負弱小是卒仔幹的事，我那時只想當英雄，英雄當然要保護他們啊！」

樓梯間

上高中時，兔兔就讀為特教生設置的綜合科。學校在石門水庫邊，小而美的校園以無暴力被人讚揚。

每天早上七點、下午五點他搭交通車往返，我喜歡下班後步行到下車處等他，然後一路東拉西扯的聊天回家。夕陽從背後照來，小路上拉出母子兩人長長的影子，有時興起，蹦跳玩著踩影子的遊戲，直到轉入住家巷子時已經一身是汗。

一日，學校午休時間，綜合科主任來電說兔兔發大脾氣，徒手擊破公告欄的玻璃，手掌因此受傷，正在醫務室包紮。我臨時找不著人代課，只得請主任關照兔兔，待放學時再去接他。

接回兔兔的路上，看他一臉疲憊，我問：

「手還很痛嗎？」

「有一點。」

「怎麼會去打玻璃呢？」

「就那個女生罵我智障！」

「被罵了，不是應該打罵你的人嗎？怎麼是打玻璃呢？」我有些期待他出現一點點思辨能力。

「打人不好。」

「可是你受傷，媽媽心痛。」

對話暫停了好一會兒。

「媽咪，對不起。」

原來事情的經過是，那天兔兔下樓時，正巧一個模樣姣好的女生上樓，他忍不住回頭多看兩眼，女生應是覺得他眼神色瞇瞇，隨口罵他：「看什麼看？智障！」兔兔惱羞成怒，又不敢回應反擊，就往走廊牆上的公告欄用力捶下。

這完全符合他的性子：不會情緒控管，生氣了就是自傷。

長期以來，兔兔因為無法與外界有效溝通，常以傷害自己發洩負面情緒。小時候情況極其嚴重，就醫後，開始服用能讓心情愉悅的藥物，再加上我們一直讓他待在普通班學習人際互動，他慢慢學習社會化。漸長後，已不再有傷害自己身體的行為，情緒爆發時，轉而以丟擲或捶打物品宣洩，傷害雖然輕些，但仍不時造成手部瘀青或流血。看美女事件即是。

每一次事件的發生，都是媽媽學習新功課的開始，我責無旁貸，只是無奈兔兔承受的那些苦是那麼難以逃避，也感慨我的學習永遠只能跟在他受傷害之後。

回想囡仔仙算出的命盤，當時只覺得是對我們命運的一種嘲諷，直到多年後的今天，才終於懂得「皇帝命」的真義。皇帝，朝廷之上眾人擁捧，看似富貴好命，毋需為生活奔波勞苦，但一離開衛士守護的舒適圈，面對環伺的狼群，他毫無招架的能力。

原來，我雖然做到「好好養」，卻不曾對囡仔仙的提醒「好好想」。複雜的人世裡，太多不可控制的事情時刻在發生，沒有人能為另一個生命做全面的擔保，母親亦然。所以，「繼續教」仍是必要的，在盡力之後，學會欣然接受一切，是我現今更進一階的功課了。

不速之客：癲癇

高中畢業後，他住進新竹教養機構，學會了早上吃讓心情愉悅的「解鬱」，晚上吃抗癲癇的「帝拔顛」。但看他身強體健的模樣，我幾乎忘了曾經因為帝拔顛傷肝流淚的事了。

小學六年級時，兔兔的身高像長型氣球被猛力一吹，一六五、一六七、一六八、一七〇……，成了全家個子最高的人。我看在眼裡，心裡開心著，理由倒是有些辛酸：長得高大，想欺負他的人該會多些忌憚。

面對即將到來的國中生活，他沒有啥感覺，但媽媽的心上飄著許多烏雲。小學校園裡學生年紀小，心思較為單純，使壞的能力也不大，還有媽媽老師罩著，師長的對待不至於太差，同儕之間的互動也多了些顧忌。但上國中，沒了保護傘，他有能力應付嗎？

我一門心思都在憂慮環境改變後的種種，沒曾想過兔兔進入青春期的身體正醞釀著一場風暴。

一個天氣漸漸轉熱的週日早晨，我送妹妹去參加直笛教學營，返家後屋內毫無聲響，知道大家都還在睡，便也直接鑽入被窩補眠。

暮春懶睡，幸福感濃得好夢連連，醒時朦朧間聽到「啊——啊——啊——」的怪聲，我起身坐著仔細再聽，又是「啊——啊——啊——」是兔兔發出來的聲響！

我跳下床，邊叫喊睡在三樓書房的先生，邊衝去推開兔兔的房門，看到他躺在床上一次又一次的抽搐，我急撲過去抱住他，但僵硬的手腳嚇得我又趕緊放開，回頭大聲叫著先生。

先生抱起兔兔，同時不斷叫喊他的名字。他站起後，像中邪又像醉酒般地走著，遇桌撞桌、遇牆撞牆，先生止不住他的行動，只能不斷擋在他前面免得再撞到東西，我顫抖地說：「我去打一一九。」然後兩腿發軟的扶著牆下樓打電話。

掛上電話返身上樓，兔兔頹然躺在地上，先生正準備抱他下樓。奈何樓梯狹窄，容不下兩個大男人併身而行，最後只好先生一手托著頭一手環抱肩頸、我抬起腳的一步步下樓梯，才下兩階，由於彎腰的幅度太大，我無法與先生同步，只好鬆掉雙手看著先生拖他下樓……

救護車來了，訓練有素的救護員抬著他上車時，我才看到兔兔的後腳跟滴著血。原來我們不得要領的拖抱下樓，使他的後腳跟摩擦樓梯的止滑銅條都破皮流血了。

救護車司機問我送哪個醫院，我不知這情況與兔兔的多重障礙有無關係，是應到較近的醫院還是到桃園療養院？猶豫之間，司機果斷地說：「不能耽誤急救時間，先到最近的醫院。」

在醫院急診室裡，醫師聽完我描述整個過程，說：「是癲癇大發作。他現在很累，等醒來就可以回家，但之後必須去神經內科就診，醫生會開藥給他吃。」

我有些急性壓力後的麻木，但腦袋仍然如被雷轟一般的暈眩。

給在家準備去接女兒的先生打電話報告情況後，我坐趴在病床旁欄杆，看著兔兔熟睡無事的模樣，想著老天是怎麼了，要這樣折騰人，淚水簌簌不止的落。雪白的床單是淚水的終點，可我看不到苦難的盡頭在哪裡。

幾日後，回桃園療養院看診時，我向醫生報告兔兔癲癇發作的經過，醫生說確實有自閉症孩子同時罹患癲癇的門診案例，發作時間多在學齡前和青春期。由於自閉症和癲癇都是腦部異常問題，醫學上一直有人在研究彼此間的關聯性，只是至今還沒有定論。

是啊，兔兔正逢青春期啊！

我也聽從急診室醫師的話，回去掛了神經內科。在那個網路方興日盛我卻還沒學會的時代，我用力記下醫生的說明與囑咐，也特別記得我問了醫生兩個問題——

我：「請問，這『帝拔癲』（抗癲癇藥物）有什麼副作用？」

醫師：「主要是傷肝，還有白血球降低，造血功能會受影響。」

像電影畫面靜止那般，我瞬間呆住，淚崩。

醫生有些驚愕，安慰說：「來我這裡的，很多這種病人啦！人生就是這樣，碰到了就要勇敢面對啦！」

我勇敢再問：「那要吃多久才會好？」

醫生：「一直吃，六年之內沒再發作就可以停藥。」

我又愣住。沒再哭，但心又被撞了一下。哭，只能一次；心，需要強著。

十多年的煎熬，心一次次的撞擊成傷，又一次次的結痂。痂痕不美，卻形成了保護膜，建構出接受事實後的喘息空間，我也慢慢磨練出面對下一道關卡的能力。不知道從哪時候開始，別人眼中軟弱如菟絲花的我，有了大樹的雛型和筋骨。

那之後，每隔半年，兔兔必須驗一次血，查看藥物在血液中的濃度是否足夠，以及白血球指數多寡。桃園療養院的主治醫師認為這項檢驗在院內就能做，不必在兩個醫院之間跑來跑去，也方便她調取報告資料，所以癲癇的觀察就統一在桃療進行。

於是，除了原本固定的兩週回診一次，又多了抽血、看報告的行程，來去醫院的次數增多。我的日子就在上班教學、下班料理家務與照看孩子、請假去醫院三者間陀螺般的轉著，轉著轉著，從白天到黑夜，再從黑夜到白天，沒有彩色，只是黑白。

無論過著怎樣的日子，我總是偷著搶著給自己一丁點時間，每晚孩子睡去、家事做完，無論多晚，不管多累，半小時一小時都好，閱讀和放空是未曾間斷的習慣。閱讀可以讓人暫時脫離坑坑疤疤的現實；放空之於我，則是最好的充電。泰戈爾的詩句：「世界以痛吻我，要我報之以歌。」若我有歌，亦是這樣寫出來的。

國中二年級時，兔兔又有一次大發作。

那是個早晨，我開車載著他和妹妹上學，在國中校門口讓他下車後，繼續往我服務的小學前進。一到學校，剛停好車，手機響起。是國中老師打來說兔兔在走廊突然抽搐倒地。我不假思索的回應：「是癲癇發作，請叫救護車，我馬上過去。」

這一回，我十足鎮定，因為知道只要盡快到達醫院就會沒事。

這一回，想停止服藥的日子要從頭算起，又是另一個六年。

幸好，不管世間發生什麼事、多少事，時間從不曾停止流逝。

經歷國三與高中三年，癲癇忘記了我們，沒再來。可我沒忘，還有兩年就可以停藥。

高中畢業後，他住進新竹教養機構，學會了早上吃讓心情愉悅的「解鬱」，晚上吃抗癲癇的「帝拔顛」。每年的健康檢查，確實白血球數都在正常值之下，但看他身強體健的模樣，我幾乎忘了曾經因為帝拔顛傷肝流淚的事了。

在他服用了整整十年的癲癇藥後，一次回診，醫生：「癲癇都沒再發作？」

我說：「都沒有，那可以停藥了嗎？」

醫生反問我：「他在新竹都適應良好、穩定了嗎？」

我據實以告：「適應了，但稱不上穩定。」

醫生說那就再等等吧。

這樣的對話，又出現過幾次。兩年後，我才敢篤定地告知醫生：「穩定了。」

醫生裁示：「那先減藥半顆。」

之後，兔兔又持續穩定一年，我們才完全告別了帝拔癲。

吃飯最大

世界在變，他也在變，苦日子不是永遠，好日子也會不見，該做的是把心強大起來，任他如孫悟空七十二變，都不被他搞暈。不就是吃個飯的事嗎？

傍晚時分，我把所有要煎、要炒、要滷的食材備齊後，取來三個白色平盤排在流理台上，每完成一道菜就直接分配到盤子裡，最後每盤倒扣上一碗飯或麵或一個饅頭，便拉長喉嚨叫：「吃飯囉！」接著兔兔會從二樓一路喊著「餵豬」、「餵豬」、「餵豬」地蹦跳下樓，端起其中一盤問：「有湯嗎？」「等一下再拿。」然後上樓。

約莫在妹妹上大學後，家裡剩下三個人，也許是兩大一小的組成讓兔兔備感壓力，他總是把所有想吃的菜夾疊在白飯上，然後一路掉菜地端到他專用的二樓起居室吃。我們好說歹勸，總是無效，再多說話他就生氣了。

後來，我把碗換成大平盤，各人端著自己的餐盤吃。剛開始兩老還會同在餐桌上，慢慢的，爸爸也端到客廳邊看電視邊吃。我有些傷感，從小到大一家人圍坐一起吃飯是天經地義的事，怎麼就散了呢？莫非是一個家崩解的前奏？

知道許多養育身障兒的家庭，外表看似完好，實則內裡分崩離析，但總是有人苦撐著要給孩子一個完整的家。也許年紀大了，也許對佛書裡的無常有更多體悟，時間一久，我也習慣這種各吃各的簡餐方式。求得形式上的團圓，和讓兔兔開心填飽肚腹兩者之間，我選擇也接受了後者。當退而求其次可以換來家庭的平和，傷感就顯得無謂了。

對於兔兔的飲食，我一直有種在迷霧中摸索的感覺。他三十歲生日那天，我替自己做了最好的開示：他是多重障礙者，雖然我包辦了他絕大部分的生活內容、生命走向，但他就是一個獨立個體，吃什麼、不吃什麼，都是他的喜好或生理限制在決定，我做不得主，我要做的只是提供與尊重。

吃什麼，嬰幼兒階段的兔兔沒什麼特別，就是牛奶、粥食，稍長開始出現不同。第一次感覺異樣是在小學時。由於在家吃早餐太費時，常常因此遲到，所以改成到早餐店購買，讓他帶到教室吃，內容不外漢堡、三明治，包子、飯糰、蛋餅，加上豆漿或牛奶。

一直以為自己處理得妥貼，直到二年級的某日，他班上同學跑來告訴我：兔兔把整顆包子丟到垃圾桶。我氣沖沖的前去質問，他一臉驚嚇的說不愛吃。那究竟想吃什麼？他小聲說：飯糰。此後，他的早餐幾乎都是便利商店的三角形飯糰，直到我終於受不了，強迫他另做選擇，他才委屈的選了蛋餅。那之後，他的早餐就飯糰、蛋餅輪流，等到我又看不下去，再強迫換新。

相較於早餐的單純，學校營養午餐的方便，晚餐就讓我大大費神了。含蛋白質的魚肉蛋，兔兔不吃有刺的、有骨頭的、滷的豬肉牛肉；一定會吃的是煎肉排、蒸肉丸子、無刺魚塊、滷豆干、煎豆腐。如果只煮給兔兔一個人吃，倒也不難，但家中四口人，菜色不能只迎合他，所以一旦做了他不愛的主菜，就得想辦法變出另一樣他肯吃的。

他也嗜吃麵食，因為公婆、先生擅長煮麵，只要做飯前我問吃飯還是麵？答案絕對是後者。奈何我來自農村，無飯不飽，接觸麵食的機會少之又少，所以料理出來的湯麵或炒麵都不甚美味，但他依然能滿足地吃光。

青菜方面，應是幼稚園老師誘導有方，兔兔什麼都吃，且吃得多，許多孩子不喜的苦瓜是他的最愛。更神奇的是，常被挑到一旁的蔥薑蒜，他會搶著夾。至於水果，則和肉類同一標準，有籽的、有核的、堅硬的，不吃。奇異果軟硬適中，籽亦可吃，是他的最愛。

我曾與教養機構的老師談及他的飲食情況，不想換來老師的瞠目結舌：「怎麼是這樣？在這裡他什麼都吃，只會閃躲帶刺的魚。」換我訝異與不解了。但我無法從他口中問出歧異的原因，因為他的理解與語言表達都停留在表層，強硬追問，他會覺得被質疑而生氣。

二〇一九年三月，兔兔進入桃園八德一家教養機構接受日間照護，開始他自己口中的「上班」生活：早上七點四十五分出門，下午四點零五分回家。他對這種天天可以回家，晚上沒有宿舍規定的新生活作息喜歡至極。我們也不需再牽繫著他有無守規、情緒是否穩定、天冷會不會加衣等細節，每天在眼皮子下朝送暮迎，倒也安然。

「吃」是兔兔每天下班後的一件大事。起初我天天下廚，吃膩了，我建議到外頭吃，他不肯出門，我只好到附近商家買米干、煎餃、餡餅、肉圓、麥當勞等。幾次之後，他開始在 LINE 上點餐，有時是剛吃過晚餐後，有時是睡前，也曾在半夜。「明天想吃米干。」「明天想吃鴨肉。」「明天買麥當勞。」聖旨般頒布在 LINE 上。

我開始覺得困擾，冰箱裡還有滿滿的食材，卻要花錢買外食，我怎麼想都阿Q不起來。有一回，我假裝忘記聖旨，當廚房鍋鏟聲響傳到樓上，不多久就聽到甩東西、踢桌椅的聲音。我趕忙叫爸爸去安撫，爸爸擅長對他哄拐逗誘，而他就吃這一套。

「喂！你是在拆厝嗎？乒乒乓乓的，貓咪都嚇到閃尿了，你還不來安撫牠？」樓上一陣安靜。「欸，你媽老了，腦筋常常秀逗你不知道嗎？她忘了你要吃什麼，不要生氣，我要她為你煎一塊牛排。」

「牛排要用奶油煎，要不然我不吃。」爸爸的安撫奏效了。

隨後，趁他牛排吃得開心，我模仿爸爸的說話方式：「你嘛卡拜託咧，同情一下冰箱好不好，把它裝得滿滿卻又不消化掉，便祕了怎麼辦？」

「攏來，攏來，這個禮拜我們就把這裡面的菜嗑光光！」他去拍拍冰箱門，很阿沙力的說。果真，接下來好幾天沒收到他的點餐。

同一齣戲演久了，看戲的會膩，唱戲的也會疲乏。記不得在怎樣的情況下，我說了無法依隨他點餐的理由後，竟換來體貼：「那就改成明天吃」或者「你煮什麼我就吃什麼」，我又愣又喜，但也提醒自己：世界在變，他也在變，苦日子不是永遠，好日子也會不見，我該做的是學會活在當下與順應變化，如此一來，任他如孫悟空七十二變，都不會被搞暈。不就是吃個飯的事嗎？

行車難

這一項生活技能的學習，一回生二回熟，幾次之後終於形成了基本模式。然而魔鬼藏在細節裡。

二〇一二年，兔兔二十五歲。十二月的某個週五，我參加了機構為兔兔召開的ISP（個別化支持服務計劃）會議，檢視去年訂定的目標成果，討論並規劃明年的目標。

這是一個很棒的會議，兔兔在機構六年，許多生活能力的提升增長，都是在這個會議上討論、評估、擬定方針之後，一步步完成的。看著他在六年的歲月裡，一點一滴的學習，從青澀生嫩的熊孩子蛻變成穩健成熟的大人，媽媽既歡喜，也仍有貪圖，想要他更好、更能自主獨立，因此提出了「學會搭車」的期待。

會議結束後，我與兔兔同搭火車回中壢。週末的新竹火車站特別多年輕人，我們擠在人群中排隊買票，他緊緊的拉著我的手，唯恐被沖散。好不容易進了月台，他鬆了一口氣的說：「還是坐爸爸的車比較好。」

區間車人多，偶爾有人離座下車，我推他去坐，他卻讓我，一手抓著拉環擠到我跟前。仰望著他一百七十幾公分的高瘦身材，尚稱端正的臉上掛著一副眼鏡，與車上諸多可能是竹科工程師的年輕人無異，人母的心微微哀傷。

晚上吃過飯，爸爸突然問兔兔：「搭火車難不難？要不要以後就搭火車回家？」他邊上樓梯邊說：「不用啦！我搭你的車就好了！」那語氣彷彿搭火車優於搭爸爸的車，而他並不奢求。

我那微微的哀傷頃刻被沖刷洗淨，告訴自己正視現實才是最必要的。

新的一年，學搭車的希望工程也展開了。

搭火車雖然省時，但往返需要兩度進出不同的月台、分辨北上南下方向、自強號或區間車、列車何時到站，牽涉層面多且複雜，所以我們選擇了費時但較單純的客運。起站新竹、終站中壢，車班與上下車處固定，不會有搭錯車或下錯站之虞。

計劃的流程是：週五下午三點二十分，機構工作人員陪兔兔到清大附近的站牌，搭乘往新竹市的公車；到終點站下車後，走到新竹客運站；我則在客運站等他，然後一起搭四點五十分5676號往中壢的班車；抵達中壢，再轉搭〇北112號公車返家。

對一般人來說，轉三班車只是三次上下車的小事，但對兔兔而言，卻是一大工程。起初，機構人員陪著等車、搭車、下車，確認他與我會合才離去。幾次後，讓他自己上公車，然後騎著摩托車尾隨，一路護送，直到確認他順利下車。意即兔兔學會到哪一項，老師才在那一項放手。過程中，手機扮演了重要的角色：有事求助、到點報平安。

每週五下午四點半前，我會到達新竹客運站，每次見他到來都是我最開心的時刻，因為完成了三分之一的挑戰，而且是平安順利的。

記得首次搭公車回中壢，因為媽媽在，兔兔全身放鬆，一個半小時的車程都在睡覺，下車時，他睡眼惺忪一臉茫然，完全沒聽進我教他搭車的話。

萬事起頭難，我把這「難」化成撒嬌的怨懟：「白跑這一趟了，你一直睡，我都沒機會教你。」一直以來，說話正經八百，對他而言是上對下的威權表現，除了討他反感，起不了任何作用。嬌嗔的態度似乎奏效，第二次搭車時，他不敢睡，還時不時地問「到了沒」。

這一項生活技能的學習，一回生二回熟，幾次之後終於形成了基本模式。然而魔鬼藏在細節裡，我逐一記錄下細節，向機構老師回報：

二〇一三年一月十八日。遇到一個小困擾。兔兔刷的悠遊卡是身障愛心卡，今天司機要求出示身障手冊，他緊張的說沒有帶，以後我們會讓他隨身帶一份手冊的影印本。

二〇一三年一月二十五日。一些小狀況。一、在新竹客運站時，車子未停在往中壢的指示牌下，兔兔也沒能聽清楚站務員的廣播，需要我拉著上車。二、在中壢轉車前，他想上廁所，順手就把背包丟在車站椅子上。三、下車時動作迅速，又把背包留在座位上。

二〇一三年二月一日。外在環境的變化不易掌握，公車停靠的位置常常不同，車站人聲吵雜聽不清楚廣播。下一趟我要教他「仔細聽廣播」與「不清楚就問站務人員」。今天他在車上也都沒睡，一直盯著窗外看，兩度告訴我「到了」，一次楊梅，一次中壢。

二〇一三年二月二十二日。他一上往新竹市區的公車就打電話告知我，下車後跟著人群過馬路，再走到SOGO對面。到客運站時未見到我，又撥電話找我，隨後再打給老師報平安。其實我早已抵達，躲在騎樓偷看，看他一派瀟灑自信模樣，真是開心。

二〇一三年三月十五日。會辨認公車，選擇是否上車。車上仍睡，但也會醒來問「到哪裡了？」顯然更有自信。

二〇一三年三月二十七日。我全程不予提醒。未聽清楚廣播，遂錯過一班車，無妨。搭返家的中壢公車時自如自信，會主動問站務員。

給老師的回報紀錄到此停住，因為之後變成我一路睡回中壢，偶爾他不自信地拍醒我，問「到了沒？」或「喂，老母，下車啦！」

時序推移，從初春走到初夏，我們母子的心情也從忐忑到自在。漸漸地，兔兔對我的亦步亦趨有些不耐了。六月，與機構老師深入討論後，決定放手讓他自己搭車。

我衷心感謝機構對兔兔ＩＳＰ的重視與落實，那老師追隨在公車後的摩托車畫面，在我心底凝塑成一尊雕像，終生難忘。已經成年的兔兔，願意讓我如對小學生一般的嘮叨教導，直到學會搭車，這樣的歡喜，我的筆也僅能寫出一二。

青春性事

終日繞在他身邊的媽媽是女人，是管著他的糾察隊，平常的心情已不想說，性方面的私密事更不可能提到了。

有件事我始終記得。兔兔讀小一時只上半天課，我規定他中午後在圖書館或我辦公座位上寫功課。但實際情形往往不是如此，等四點鐘高年級學生放學，我再找到他時，他已經在校園晃盪很久了。

轉機出現在下學期，他開始能在辦公室寫功課，卻是坐在氣質優雅、姿態婀娜的魏老師座位上。我觀察幾日也問不出原因，最後是魏老師解開謎題：「你兒子好可愛，前幾天他拿著計算機跑來跟我說：『老師我有電腦。』我摸摸他的頭說：『去乖乖寫功課，別讓媽媽到處找你。』接下來他就到我座位上寫功課了。」那是我意識到兔兔對於異性的審美毫不含糊的開始。而他對魏老師的喜歡與聽話，一直持續到小學畢業。

國中二年級，兔兔開始變聲、長喉結，因為我們已經不在同一個校園裡，以及無法從他口中聽到任何關於校園生活的事，所以他青春期的種種變化，於我像是一團迷霧。

在家裡，他開始鎖房門、關燈，叫他時不理不應，有時甚至以踢櫃子、甩東西來抗議我的干擾。有一次，我利用他洗澡時間進門查看，幾本坊間雜誌攤在床頭，未關的電腦停在一個陌生的頁面，我急忙點進，竟是色情網站，我的心臟怦怦跳，做錯事般的趕緊離開網站，離開房間。

心裡的隱憂得到證實，卻無計可施，只好告訴日日晚歸的爸爸，換來一句：「長大了，沒啥好奇怪的。」我要求爸爸找機會與他一同洗澡，趁機聊聊與教導。之後父子一次共浴，事後爸爸說：「那色情網站是上電腦課時，同學教他上的，對年輕人來說是很平常的事，你別那麼正經就行。」我有些懵了，教養兔兔的過程中不曾想過可以「不正經」。看他泰然自若的神情，我想也許自己才是需要被教導的人。

是啊，一直都是如此，從兔兔而來的每一件事都是我的功課，摸索、學習、調整，不曾停歇。然而，一個大男生的青春性事，同為男性的爸爸即使無法與他正經地談，也能像哥兒們輕鬆的聊起。但終日繞在他身邊的媽媽是女人，是管著他的糾察隊，平常的心情已不想說，性方面的私密事更不可能提到了。

他持續鎖門、關燈，常常對我故作輕鬆的說話大發脾氣。難免往負面方向聯想的我，最後只能嚴肅的提醒爸爸：「他不是正常孩子，別期待他自然會懂。」「這事沒教好，爆出害人害己的禍事來，毀他也毀全家。」

我的嘮叨終於發揮了作用，我不在場時，他們父子的笑鬧聲變多了，我也稍稍放鬆下來。接下來的日子，我繼續留心觀察。兔兔也懂自慰不像騷癢、打噴嚏，是不能亮在他人面前的。只要我不過度干預，生活如常。

他高一暑假，我與先生參加為期三天的學校旅遊活動，請來小舅照顧他與妹妹。小舅事後描述與兔兔的互動。

一日小舅騎車載他到賣場購物，途中經過有身穿細肩帶、迷你裙小姐的檳榔攤，他要求小舅減速，慢慢欣賞。過了攤子，他說：

「舅，那個美眉剛剛電我。」

「喔，你帥嘛，她就沒電我。」
「可是她沒有念大學。」
「電你跟念大學有什麼關係？」
「我想交念大學的女朋友。」
「你都沒念大學，怎麼要求女朋友是大學生？」
「我以後要去念爸爸的學校啊！」
精彩的對話讓我笑翻天，也窺見他雖智能不如人，但有著相同的少男情懷和世俗標準，他已不再是對媽媽馬首是瞻的小朋友了。

高中畢業後兔兔進入新竹的教養機構，機構對於青春期孩子的教導毫不含糊。舉凡男女互動時該有的禮節、距離、禁忌，都在兩性平等教育的活動中一次又一次的討論、示範、模擬演練；甚至當有男女學員互相喜歡時，也教導他們交往時如何互尊互重；若兩人有意走入婚姻，亦會徵詢兩方家長的意見，以家長認同並能給予足夠的支持與後盾為基礎，協助孩子組織家庭，只是最後成功的機率微乎其微。

機構對於性平教育的專業，遠遠超過我的想像，那品質與效果，足以讓身心障礙的孩子過上人性化的生活。兔兔能接受到如此完備的教養和照護，媽媽的一顆心是完完全全踏實下來了。

有一回，一個須趕搭早班飛機的朋友借住家裡，由於是兔兔不在的週間，我讓她睡在他的房間。次日清晨，在送她前往機場的路上，她一臉憂心且欲言又止，我請她有話直說。

「兔兔的房間有好幾本雜誌，內容不說，共通點是照片裡女星都穿著暴露，你沒發現嗎？你不怕他看那些色情照片會怎樣嗎？」

「知道啊！那是他去剪頭髮時跟老闆娘A來的，會怎樣？年輕人看色情圖片、影片，不是很正常嗎？」

「可是他的障礙……」

「有障礙也會有需求，不過你放心，他不會使壞，機構的老師把他教得很好，而且我們一直都很注意這個問題。」

早年有位老同事也有個智能障礙的兒子，也許是未能及時教導，加上特殊教育尚未普及，孩子成年後無所事事、四處遊盪，後來發生在大學校園附近性侵女學生的悲劇。事件上報，那位老同事一夜白了頭髮，自覺無顏為人師表，倉促申請退休……

朋友的擔心源於這類新聞事件。我也曾經憂心，幸好能把憂心化成動力，督促先生必須介入教導，當我們和孩子愈親，能發揮的影響力就愈大。如今面對兔兔的青春性事，我有一種猿聲啼過、輕舟順行的輕鬆感。

何處能安身

當我看到寢室裡衣服折疊整齊地擺放在床頭，會想我的孩子做得到嗎？這必須經過怎樣嚴格的訓練？當社工得意地介紹廚房裡擦得晶亮的鍋具，我想著這些功能不足的孩子是怎麼做到的？

在一些身心障礙孩子的家長組成的臉書社團或粉絲專頁，常可見各種求助貼文，其中出現頻率極高、並深深觸動我的是，詢問哪家幼稚園可以接納孩子？該選擇怎樣的小學？轉學究竟能不能讓孩子擁有更好的學習環境？

看著看著，我每每都因為疼惜而想回應，但時代快速變遷，資訊持續爆炸，我不敢分享可能已然過時的心得經驗，只能在心底默默地告訴對方：只要用心用力，終會有一處讓孩子安身的，真不如人意就降低標準，適應了，心就安了。

沒有臉書的年代，身障孩子的家長多半是獨行俠，早期我有幸參加了一兩個協會團體，遇見一些人，因此知道苦裡猶有更苦，沉重中藏著更沉重。時日一久，也練就一身「過山，過水，走就是了」（電視劇《人間四月天》張幼儀台詞）的功夫。

走，需要方向；方向，需要定見。

今年，兔兔三十四歲了。不算短的歲月裡，除了家裡，學校和教養機構是他重要的安身之所。而這每個階段的每個處所都需要我耗費許多心力尋找。

兔兔小時候在我任教的小學就讀普通班，學習成效不知，但平安可期。五年級下學期，我開始思索一年後該就讀哪個國中？怎樣的班級？兔兔逐漸長成小少年，除了平安，應汲取的學習內容也更多了。在特教班與普通班之間，我思量著利與弊，陷入難以兩全的猶豫。

後來請教一個具有特教專長的汪校長，他是我們家的舊識，一路看著兔兔長大。他的建議中肯又帶著疼惜：「特教班的教導與照顧，質與量都勝過普通班，你的孩子自閉與智能不足都是輕度，在那裡會是『雞首』，表現優於別人，甚至能得到榮譽獎項，但他的學習對象只有老師。如果在普通班，就屬『牛後』，殿後的感覺當然不好，但班上每個同學都會是他的學習對象，三年的耳濡目染，你想他會有怎樣的成長？至於安全問題，那是盡人事聽天命的事，正常健康的人也有被欺負或遭遇變故的時候，不是嗎？」

後來，兔兔進了國中的普通班。入班前與導師懇切的溝通，只求平安增長生活能力與社交技巧，課業部分不與同學比評，導師同意只要不惹事，就安心的待著。於是，普通班上國、英、數三科時，兔兔到資源班上課，資源班老師根據他的能力實施個別化教學。兔兔每天睡前按著課表將課本放進書包，一學期下來課本乾淨如新。可喜的是，言行舉止已然有幾分尋常少年的模樣。

進入國三，我開始思考兔兔下一階段的去處，繼續升學嗎？若不，要安置何處？與他的主治醫師多次討論，重點已經從安全問題提升到兔兔的成熟度與社會化程度了，啟智學校與設有綜合科的高中是主要選項。多方尋訪後，我找到一所小而美又無暴力紀錄的高中，位於離家約四十分鐘車程的石門水庫旁。之後高中三年，兔兔規律上下學，日常風波自是難免，但大抵平安度過。

超前部署，是我帶養兔兔的習慣。高三開學後，我開始尋覓安置機構。當時使用網路搜尋資訊的條件尚未形成，服務身障人士的機構都是聽來的、從報章雜誌看到的、翻電話簿找來的，我鎖定的範圍涵蓋離家不太遠的台北、桃園、新竹，將它們記在一個本子裡，再利用寒暑假逐一致電詢問。

接下來的一年裡，我陸續參訪了七家住宿型的教養機構，觀察環境的整潔，了解課程活動的安排、吃飯洗澡睡覺的管理、與外界的連結情況，同時留意工作人員與院生的互動，甚至空間裡流盪的氣味等等，目的是找到一個有家的味道的地方。

當我看到寢室裡衣服折疊整齊地擺放在床頭，會想我的孩子做得到嗎？這必須經過怎樣嚴格的訓練？當社工得意地介紹廚房裡擦得晶亮的鍋具，我想著一般主婦都難保廚房這般清潔乾淨，這些功能不足的孩子是怎麼做到的？看到院生面無表情地端著臉盆排隊等候洗澡，心裡頓時升起一陣冰冷，腦海浮現監獄二字。還有如城堡般矗立在一片稻田間的機構，看似遠離塵囂，實際是將孩子與人群隔絕，長年下來語言會不會更退化？性情會不會更孤僻？

就這樣一家一家細細拜訪參觀，同時表達出自己的期待和需求。也許是天道酬勤吧，在參觀過田中央那家機構後，已近中午，便與家住附近的外甥媳共進午餐。席間聊起此行種種，她熱心的說可以問問一個社工朋友。兒子後來安置的機構，就是這麼問來的。

這家教養機構位於新竹，環境素樸毫無妝點，辦公室老舊擁擠如一般住家，接待的社工親切溫暖，從頭到尾沒有要突顯他們的工作成果或機構亮點，就是平實的說明與介紹。談話未結束，我已經認定這裡是兒子未來的去處，以至於社工說目前沒有缺額，需要先登記排隊等待時，我立刻填了入園資料，排在候補名單上的第五位。

我們等了十一個月，那是一段極為灰暗的時間。兔兔高中畢業後無處可去，家人上班的上班、上學的上學，夫妻倆必須找空檔回家跟他說說話，以及送午餐。忙碌是事實，但因為有著盼望，也不覺得苦。倒是兔兔飽食終日，在臥房、起居室、廚房冰箱之間來去，看電視、玩電腦遊戲、吃吃喝喝。我試圖說服他做些運動，或隨我到學校遊玩，十八、九歲的青少年再怎麼智能不足，還是有不願被管束的自主意識，看著他不斷擴張的身材，我的焦慮一天一天持續。

終於等來了電話通知，卻是社工組組長含著歉意的拒絕。

我問：「為什麼？」

組長說：「有三個理由，一是人手不足，目前有空位的家園，沒有教保員照顧，只有替代役負責夜間孩子的安全；二是你們不夠弱勢，我們想把機會留給更需要的孩子；三是你們擁有的支持資源夠多，有能力解決孩子的安置問題。所以我們想要拒絕你們。」

雖然我像個洩氣的皮球，但腦子卻清明無比，意志堅定勝過任何時候。我說：「可以理解你們的考量，但是人手不足，我們可以再等，待人力補齊了再入園。至於不夠弱勢，你一定知道有身障孩子的家庭，父母要維持婚姻完好有多麼不容易，而我努力維繫家庭完整，不讓孩子淪為單親弱勢，怎麼就變成你們拒絕他的理由呢？關於支持資源多，無關經濟狀況與學歷高低，那是我為了孩子努力尋求、請託、爭取而得到的，也不該成為他進機構的阻礙。我感佩你們想照顧更弱勢孩子的這份心，但一個媽媽忍辱負重二十年，竟成了害孩子不能進入你們機構的理由，那有多令人崩潰，你們能懂嗎？」

一段幾乎是歇斯底里地陳述後，電話裡一陣安靜。許久，組長聲音有些沙啞地說話了：「媽媽，不好意思讓你這麼難過，那，那可不可以讓我們內部再開會討論一次，再回覆你。」我說：「當然好，只有這樣，我們才有機會。」

我不知道癱軟在淚濕的沙發上多久，才起身撥電話向外甥媳的社工朋友報告情況。原來社工組長已事先知會，為了不讓機構背負人情壓力，她沒有關說，只要求談完後告知我的反應。

我衷心感謝，雖然仍需等待，但至少還有希望。並深深覺得這是一個沒有世俗官僚、願意傾聽家長心聲、又一心扶持弱勢的教養機構。

幾個月後，我們收到入園通知，兔兔順利地住進社區家園，展開全新的生活。

他離家的第一天，我們在坐立難安中度過。半夜一點鐘，他打電話回家：「媽咪，床太硬，不好睡。」我不知哪來的鐵石心腸，說要他忍耐，星期五就去接他回家；並拖住已換好衣服、準備開車要去載他回家的爸爸。我們整晚闔不上眼的挨到天亮。

從那時起，我們分隔兩地的適應新生活。我因為喜歡初見時的平實氛圍，深信那是一種妝點不來的機構文化呈現，以至於對社工、教保員有著百分之百的信任，獨獨放心不下兔兔的情緒問題。

雖然我早早就拿身邊的大孩子當例子，幫他做「長大了要去住宿舍」的心理建設，讓他接受自己長大了就要離家的事實，但到底智能不足，固著性高，且一不順意情緒就暴走，所以老覺得自己心狠。尤其週間夜裡通電話時，他說不出那份離家的不安適，只說：「禮拜五叫爸爸早一點來接我喔！」每次我答「好」之後，淚就落下。

晉身「上班」一族

兔兔有幸兩次的安置都在有愛、尊重生命又具專業素養的機構，在那裡，他的缺陷被完全接納，特有的潛能被開啟。

二〇一七年下半，兔兔的安置機構調整發展方向，跨縣市的我們無法配合部分條件，即使我心裡再如何不願意，讓兔兔離開已然是唯一的選擇。於是又開始為他尋找新的棲身處。

帶著十一年前接連尋訪七家教養機構的經驗，再加上已經很發達的電腦網路，起先，我以輕鬆的心情一家一家的看著談著，直到第四、五家，疲累再現，微微的酸楚隨之而來。

第六家在不遠的鄉鎮界邊，庭園寬闊、建築猶新，我思忖兔兔若來這裡，搭車也方便。社工帶我參觀各個教室房間時，我特別留意乍見院生時，他們臉上的表情是一致的呆滯或鮮活多樣，與社工之間的互動是正經禮貌還是熱絡得有些逾矩，那是我在短時間內判斷機構人味濃淡的依據，可惜結果都是前者。

後來又在談到入園後的接送問題時就卡住了，因為院方規定必須家長親自接送，以防半路發生任何意外。我思量著兔兔好不容易學會搭車，若久不練習，能力可能會退回原點。所以，這第六家機構也就不考慮了。

後來，我們選擇了一家位在住宅區裡，沒有庭園、沒有住宿，但離家僅七公里遠的教養機構。我心裡有一張選擇機構的綜合評量表，人性化照護擺在第一位，因為我相信無論優越或平凡的硬體，都仰賴著人注入溫度，在有溫暖有愛的地方生活，即使是清水都如雞湯好喝。

兔兔正式結束長達十一年在新竹機構的生活，回家靜待新機構的入園通知。

等待的日子整整一百天。起初，我憂心無所事事的生活，會讓他倒退回十二年前同樣也是等待入園的狀態：作息混亂、憂鬱、暴肥。但到底是長大了，又長期接受機構的良好教導，他已不再是昔日的吳下阿蒙，天天在家開朗搞笑，玩電腦、看布袋戲、聽歌、畫畫、到中原商圈逛逛，生活內容遠比兩老豐富許多。

由於機構位於搭一趟公車即可到達的範圍，所以我們事先的準備是，爸爸負責教他以手機查詢公車路線與時刻，我陪他到公車站牌搭車，教他認識沿路站名、哪一站過了就需按下車鈴等等，我們家難得因為有共同目標而合作無間。

入園第一天，兔兔敬謹的跟著我到機構，第二天只讓我陪等車，第三天連陪等車都不讓了。我藉口到超商買東西，跟隨在後。他走到岔路口停下，伸出長長的手臂，如交通警察般指揮我往左邊去，一副不准再跟了的臉色。直到看我往超商方向走了一大段，他才朝右走向公車站牌。

初到新環境的兔兔是亢奮的，新機構的規模比先前小許多，他宛如一個大廟住持轉到小寺工作那般游刃有餘。每天晚上都打電話向以前的老師與同伴報告新生活，言談間的神采，活像個總經理談論大事，我眼裡看著、心裡樂著，過去尋找機構的辛苦，都被他這份快樂自信給融化了。

此後，早晨出門遇鄰居打招呼：「去哪？」他總瀟灑回應：「上班！」傍晚下車回家必定繞路去小吃店，跟疼愛他的老闆娘說：「我下班了。」我蒐羅著他生活裡的點點滴滴，就如幼時父親將我獲得的獎狀，一張張貼在客廳牆壁上那般滿足開心。為人父母最大的幸福就是如此吧！

兔兔在新機構的生活如何，我們從他口中聽到的，僅僅是推餐桶、打餐、運動、DIY做點心。後來詳細問了老師，才得知他在團體中的樣貌，也更了解他的新生活。

我將老師說的，以及家中的他，略做歸納與對比：

一、在家典型宅男，在外喜歡與人互動。兔兔在機構的每日行程是：早上團膳公司送餐到來之前，負責將餐車推到中庭，接著到各班與各辦公室收取便當盒；中午和同伴打餐送餐，餐後收拾清潔。他總會趁著到辦公室收便當盒的機會，找話題與行政人員聊天，也分享他在課程裡做了什麼美食、摺了多少紙盒、仰臥起坐做了幾下……。下午是輕鬆的休閒課程，唱歌、繪畫、勞作、DIY美食，這些動態的活動，他都樂於參與，也以開心果的角色和人互動。在大人眼中他是一個開朗健談的大孩子。

二、家中的情緒人，在外是暖男。機構裡有各類身心障礙的學員，兔兔的功能尚好、動作也較快，他每每在完成老師的指令後，會立刻去協助功能較弱的同伴，或提醒人家現在該做什麼。尤其難得的是，某些課程需要有人示範表演，他常被老師點到名字，這時他一定邀請反應較慢的或自閉症沒有口語的同儕一起上台表演。聽老師敘述這些時，我被兔兔那能關照體貼比他弱勢同伴的做法深深觸動，他確實是只要有一分力都願意拿出來幫助人的孩子。

三、喜歡接收詼諧式管教，媽媽需再學習。兔兔進入新機構至今兩年半，僅僅發生兩次情緒風暴；而在家，一年會發生十多次。原因在於老師與媽媽都知曉傳遞指令或糾正錯誤時，必須語帶詼諧、態度輕鬆，老師做到了，但媽媽沒有。

就我所知，機構的創辦理念大致相似，若有不同，往往在於理念的執行是否到位。兔兔有幸兩次的安置都在有愛、尊重生命又具專業素養的機構，在那裡，他的缺陷被完全接納，特有的潛能被開啟。看老師對兔兔細微的觀察，聽她對孩子弱處的包容敘述，我滿心感恩，也惕勵自己教養路上必須更上層樓，好讓孩子在家、在機構都是開心的。

家家有本難念的經，有身障孩子的家庭，那一部經更大更難，有人唸不下去，家就散了；有人唸得太苦了，就帶著孩子一起結束人生；有人唸下去了，卻滿含悲情怨懟。

我一路咬牙努力，不願意是其中之一，還好有社福機構的幫助，讓兔兔有了去處，我們也能安心生活。尤其現在的「八德新生活」，兔兔可以住在家裡，天天看得到，少了擔心牽掛之外，也給家裡添了笑聲說話聲，這算是一份小小的圓滿吧！

媽媽日記之二：二〇二〇—二〇二一年

想要的未必能得，這樣一年到頭守著兔兔的日子難免有疲乏之時，但看他好好的正常的生活，我心才是安的。

近十年來，拜臉書之賜，我能以更方便的形式記錄兔兔的生活點滴；藉由臉書回顧，更可以明晰看見，隨著他的成長，我們家已漸漸走出曾經的陰霾，過起較為穩定平靜的生活。我珍惜這樣的日子，在整理最近一年的貼文之際，感恩所有助力與疼惜，更提醒自己圓時想缺、盛時念衰，毋懈毋怠。

二月十四日星期五／情人節米飯蛋餅

「蛋兩顆，絞肉適量，米飯半碗。生香菇切丁，洋蔥蝦仁香菜剁碎。鹽半匙，胡椒粉少許……」清晨，我像烹飪節目中廚師教做菜的步驟那樣，將所有食材攪拌均勻，倒入平底鍋煎成彩色的米蛋餅。

兔兔的早餐只能單一形式，如拌麵、水餃、麵包、蔥油餅，配上一杯豆漿或牛奶。不能擺好幾盤，如一鍋稀飯配上肉鬆、荷包蛋、青菜，他會只吃一碗稀飯或一個荷包蛋。米蛋餅只需要蛋、剩飯，再隨意加進冰箱現有食材就能做成，比單一料理多些營養，兔兔也愛吃，我就每週至少做一次。這幾天手機、新聞不停提醒西洋情人節的到來，今早就做了一份配料豐富的早餐，當作是對節日的回應吧！

兔兔回桃園後，家裡的三餐正常許多，我成了每日規律行事的煮飯婆。

「每天每天這樣，不累嗎？」朋友帶著疼惜的口吻問。

「你不也是每天每天吃飯睡覺嗎？」我說。

時間無形，人、事、物充填其中，就成了生活。每個人每一天要做些什麼事情才算有意義？朋友應是覺得我該像許多退休人士一樣，過著出門走走玩玩的生活。我當然也想，可是想要的未必能得，這樣一年到頭守著兔兔的日子難免有疲乏時，但看他好好的正常的生活，我心才是安的。

四月七日星期二／避風頭

一早起來想及昨天與兔兔的手機通話，不自覺地笑出聲來。

下午四點，手機如常響起。

「媽，我在車上了。」

「喔，好。」

「媽，我想這陣子不要去中原運動了。」

「為什麼？」

「疫情那麼嚴重啊！」

「可是這樣你就都沒有運動了。」

「沒關係啦！我先避避風頭，等疫情沒了再去。」

他用語大膽鮮活，我心想：死囡仔脯！老娘這輩子還沒避過什麼風頭呢！

五月十九日星期二／搭車

學會搭車是兔兔成年後的一大成就，每天早上出門後，半小時內若沒打電話，就表示平安無事。

「媽，車子跑掉了。」近日他已打了兩次電話這麼說。我問明情況並口頭指揮，他多走一小段路，順利搭上另一路公車。

今早雨大，我琢磨著是否載他一趟。他說「不用」，隨即撐傘走入雨中。不多久後就來電，「媽，下大雨，不好等車。」我快速開車到站牌的前方靠邊停下，原來不遠處有工程在進行，一輛滿載棧板的卡車就停在站牌旁邊，他規矩地站在站牌下，完全看不到車子進站，更別說揮手招車，顯然前兩次車子跑掉也是同樣狀況。

「站到路邊揮手，讓司機看見你。」我搖下車窗大聲的喊著，他照做。

「不夠，再出來些，要超過卡車。」他不爽地跺腳濺起一片水花，因為我多說了一句。

雨很大，車來了，車停下，他收傘上車。我也趕緊搖上車窗，頭髮上衣全濕了，隔著雨水不停滑落的車窗模糊地看著這些過程，心想他應也是全身濕了一大半了。唉！這大雨和那工程車怎麼就湊到一塊兒的為難他呢？到了機構以後，老師應該會要他拿早先帶去的備用衣褲來換吧！

七月十八日星期六／涼感巾

晚上，兔兔洗過澡後，在洗衣籃翻了一遍又一遍，少見的認真仔細。我問他找什麼？他說涼感巾。我從衣櫥裡找出一條藍色的，他說不是，是紫色的，涵姊姊送的。他明顯不耐卻忍住，但凡與涵姊姊有關的事，都是如此。

「媽媽幫你找找看。」

「喔喂，你有神通嗎？我都翻過了。」

我的幫忙翻找，讓他心情好些，開始滔滔的說：「那是涵姊姊送的，是我和涵姊姊共同的回憶，每個室友都有一條，姊姊看我很會流汗就送我最大的一條。上次也不見了，我跟姊姊說，她叫我不要 care，後來又送我一條。」

我沒幫他找到涼感巾，但賺到一串好長的話語，從來不曾有的。

我要兔兔用 LINE 問涵姊姊哪裡可以買到，我再去買。他在手機上很認真的輸入注音符號，再選字，「裡」和「買」兩字讓他找很久，最後傳出去的是「哪裡有賣」。我誇他用詞比老木精簡，他略顯得意的說：

「開竅了咩！」

「可以再多開一些喔！」

「喔喂，開到最後變成一個大洞怎麼辦？」

我想繼續表揚他懂得「竅」即是「洞」，他沒耐心的把我推出房間。

三月五日星期五／有點兒心疼

教養機構時常有善心人士捐贈物品，捐物會分給每個孩子帶回家。兔兔曾帶回的東西不勝枚舉，應景的有春節年菜、端午節粽子、中秋節月餅、中元節拜拜的罐頭和米粉，平常則有白米、麵條、麵包、青菜……

今天週四，是他的運動日，下班後搭車過家門不入，直接到中原大學校園走路運動，再搭車回家。傍晚五點十五分電話響起——

「我要回家了。」

「好啊，就回來。」

「帶著菜運動，好累。」

「什麼菜？」

「高麗菜啊，車來了，不說了。」

五點半，兔兔進門。雙肩有背包，腰間有個斜背小包，左手撈著外套，右手提著一大袋高麗菜。我算了算，有六顆，秤重共七公斤六百一十公克。

人母的不捨與善感瞬間大噴發：扛著這些高麗菜，在下班尖峰時間搭公車，再走了一圈又一圈的校園，且不管旁人異樣或者嫌惡的眼光。我其實很想知道當時他身體的負荷和心思究竟如何？

晚餐，煎鮭魚、番茄炒高麗菜、蛤蠣苦瓜雞湯，主食是蔥油餅和韭菜盒子，全是他的最愛。完全的犒勞，意在平衡他的過勞，鬆緩自己的心疼。

至於他的傻，我知道還會繼續。

五月三日星期一／健檢老江湖

兔兔每年會做一次健康檢查，在新竹機構時我們只需做兩件事：事前看通知，事後看檢查報告，若有異常再到醫院追蹤檢查。幸運的是，除了因為之前服用抗癲癇藥物，導致白血球數量稍低之外，其他一切安好。

回桃園後因為只是日間照護，健檢的事前準備工作必須在家裡完成。前兩年採檢體的混亂記憶猶新……

我殷殷叮嚀他上大號要叫媽媽，他做到了。第一年，他按下沖水後才叫，我像火車開走才衝進月台的乘客，愕然懊惱。第二年上完後沒沖水就喊：「媽，我大好了！」我頭皮一陣麻，恨自己表達不精確，衝上二樓廁所，一頓海底撈已是逃不了的事。

今年，我壓力如山大，一再跟他說：「要大在報紙上才能採檢體，大之前一定要叫媽媽。」傍晚，我在一樓廚房煮晚餐，不敢打開抽油煙機，唯恐沒聽到他的呼叫。他終於叫了，我上樓鋪好報紙，便坐在廁所門口旁的樓梯候著。氣氛不再緊張，我們聊起天來了。

「欸，你在新竹那麼多年都怎麼做啊？」

「自己來啊。」

「蛤！自己做？」

「對啊，我是老江湖，你都不知道喔！」

「喔，那我下樓了，你自己採吧。」

「喔喂，很臭捏！」

「你都老江湖了，還需要我幹嘛？」

「不是啦，我大完，就佩卿媽咪弄啦！」

……

大約半小時後，他又端杯下樓：「尿給你，我都做完了，你慢慢搞吧！」然後飛快上樓去。

我端著尿杯想，我到底有無教好他？整個對話都算正常，還懂得說「老江湖」這樣的用語，怎麼到了關鍵處就把責任推到別人身上呢？

十一月二十七日星期六／好日子不遠了嗎？

昨晚，趁著雨停，到池塘公園運動。走了兩圈後開始接聽電話，其間兔兔兩次來電插播未接。回家一問，原來是要邀功：「我和爸爸一起把床搬開，床底下吸得乾乾淨淨了。」

今早，我逕自洗衣、晾衣、講電話、寫東西，沒理會他拆屋似的哐噹聲響。待去看他時，天哪！他伸長手臂拿著吸塵器的長柄吸頭，卡卡不順的吸書桌與櫃子。我當下心頭一熱，趕緊幫他拆下長柄、換上毛刷吸頭，說：「吸近距離不用長柄，這樣比較好吸。」他一試，果真順當許多：「不早拿來，用這個才對。」

我們家有四層樓，打掃對我來說是一大工程，起初我們使用有線的吸塵器，每次都得費力的提上提下，後來體力實在不堪負荷，就再買一支無線的擺在二樓起居室。那是兔兔的生活空間，他三天兩頭看我拆換吸頭，覺得有趣，便也取來把玩。每當他吸了地便會一副大人模樣的說：「我房間不用打掃了，我已經吸乾淨了。」我從不戳破他就是玩遊戲般的只吸走道。而即便如此，許多能力是在耳濡目染間增長的，今天算是得到見證了。

一個日日用 LINE 問候的朋友，今天傳來一段文字：「早安，不知道是人變了，還是怎麼了，世間所有東西都在無聲無息中悄悄改變。」

我知道朋友在抒發老年感慨，然對兔兔而言，我知道他這些日子以來「怎麼了」，也靜待他的「悄悄改變」再次出現，因為改變愈多，我的好日子就愈靠近了。

輯四 歸來

一帖治癒關係的藥

心軟弱時，委屈與鬱悶隨之而來，付出與回報太不對等的苦訴說無門。而今，只是心境與態度上的一點點改變，隨即扭轉形勢。

二〇二一年五月，兔兔的年度健康檢查報告出來，一向安好的視力出現紅字，左眼視力從〇．九退到〇．六，右眼從〇．七退到〇．四，醫生建議持續追蹤觀察，聯絡簿裡也夾回一張視力追蹤表。

我害怕帶兔兔上醫院，因為任何一樁檢查或治療，他都認定是我在找麻煩，出門前必是低氣壓籠罩全家，只要稍有一句話或一件小事不順心，「我不去了！」的情緒勒索立刻浮現。好不容易上了車，他閉著眼、沉著臉，我說話小心翼翼：「等會兒一下車，口罩就要戴上喔！」他捶打車門一次。「別生氣，這檢查很快，不會太久。」他再捶打一次。我閉嘴不再說任何話。這樣的時刻總讓我想起一句童詩：「母親的心像針插，每收一根就痛一下。」

眼科診所在桃園八德機構附近，我傍晚先到機構接兔兔，再直奔診所。或許因為不是回家後再出門，他的配合度高，心情也不差。醫師仔細檢查後表示矯正視力正常，應該是受檢時分心影響檢驗結果，給了一瓶眼藥水就結束看診。

起初，想到每天晚上必須幫他點眼藥水，我的心就惴惴不安。因為上高中後，他對我的依賴漸少，又由於電動遊戲與布袋戲的共同興趣，跟爸爸成了同一國的哥兒們，父子間的互動都是嘻嘻哈哈的，而我的日常叮嚀與提醒總招他嫌惡，甚至覺得我找他麻煩，我沒法想像近身點眼藥水時會爆出哪一種火花。

那一夜，我早早忙完家事，還洗好澡讓身心放鬆，上樓梯時大聲喊著：「媽要來幫你點眼藥水囉！準備好了沒？」他沒任何回應，但房間裡有椅子移動的聲音。推門進房時他已經側身面牆躺下。

「來囉！大朋友，平躺吧！」我坐到床邊拍拍他的肩膀。他動也不動一下。

「那我就點後腦勺喔，看腦袋會不會變聰明一點？」我豁出去的說，也轉開瓶蓋打算滴下去。

「喔喂，是點眼睛啦！」他鬆綁般地笑了出來，翻身躺平。我的心情頓時也鬆了。

「那好，有眼睛就點眼睛。」

「欸欸欸，阿母，誰沒眼睛啊？」

「好好好，你有眼睛。來，先點右邊」

「那是左邊啦！你頭殼壞了是不是？」

「是是是，是你的左邊我的右邊。」

「喂！左邊就左邊，還分我的你的。」

我撐開他緊閉的眼皮滴下藥水，他全身抖動了一下。

「中槍了啊？」

「不是，是觸電了。」

「你用詞比我精準，換邊點。」

藥水入眼，他又抖了一下。

「又中槍了？喔不，是觸電了。」

「唉，阿母秀逗了，教不會……」

這般愉快的互動近年已極少出現，想是我正經八百的態度對不到他的頻率，生活裡太多例行性的瑣事，我不可能一直花力氣去把他們包裝得很有哏、很風趣。一瓶比拇指還小的眼藥水，開啟了母子的夜晚聊天時刻。漸漸的，我能像幼時摸摸他的頭、搓搓他的背，他也敢把頭枕在我盤坐的大腿上。

兔兔的現實感薄弱，我們聊天的內容多半沿著生活邊緣亂竄，愈誇張愈虛妄他就笑得愈開心，一日將盡時能以這般心情入夢，對他對我都是撿到的幸福。當我向桃園療養院的醫生報告這個撥雲見月的轉變時，醫生開心道喜，也不忘提醒：「想想看眼藥水點完了，還能藉著什麼持續這樣的互動？」

眼藥水分藥用型與保養型兩種，不宜長期使用。我其實在改換成保養型眼藥水之前，已經增加了睡前吃益生菌與電蚊子兩項，來加長我停留在他房間的時間，所以許多無厘頭的對話也頻頻冒出：

「我來找找有沒有蚊子？」我站在他床鋪搜尋壁上與天花板上的蚊子蹤影。

「喔，有了。」

「幾個月了？」他很愛這麼接話。

啪！電蚊拍網上冒出小火花。「來，聞聞看，真正的蚊香。」我把電蚊拍湊到他鼻前。

「爽！再找蚊子的同學。」他躺在床上拍手。

我眼光轉向另一面牆：「嗯，這邊沒有。」

「那邊的蚊子回娘家了啦！」

「死囡仔脯，這麼會說話。」

「喔喂，還不是你教的。」

歡聲笑語真是情感的最佳觸媒，我與兔兔長期不佳的互動模式一點一滴在改變，他的起床氣少了，不再挑剔飯菜的擺放。晚上九點他會將眼藥水放在顯眼處，我去運動時他會來電說「不要混太久」等等。他每一個細微的轉變都讓我的幸福感一分一分地添加。

花無百日好，點了一個多月眼藥水後，一晚我準備睡覺，兔兔房間傳來紙張撕裂聲，接著是起居室的垃圾桶櫃拉出又用力關上的聲響，我放鬆好一陣子的神經迅速收攏。

他撕衛生紙盒，又把衛生紙垃扭成一團丟垃圾桶的怪異行徑不是第一次，我知道都是因為心情不好，問過幾次，都只收到癟嘴與板著的臉作為答案。

「心情不好嗎？要不要說給老母聽聽。」

「我明天就是不去。」他憤恨的撇過臉。

「不去哪裡？」

「八德啊！」他不假思索。

「誰膽子那麼大，敢惹你生氣？」

「明明我要去倒水喝，老師又，又叫我回去做事。」他大聲且結巴。

「小聲一點，別吵醒鄰居！原來你生老師的氣。」

「對啦！」真小聲一些了。

「是不是剛好老師需要你幫忙？」

「不是，是她要把我操死。」他口氣仍然憤恨。

「唉喲，怎麼這樣呢？把你操死她可以領到多少錢？」我無厘頭地說。

他愣了幾秒就笑出來。

「來，媽媽抱一下，再說說老師還有哪裡惹到你？我去跟她溝通，不要這麼虐待你。」他真願意讓我抱抱。

「喔喂，是做事不是虐待啦！」

我知道他已經息怒，又被勾出談話興致，可惜夜已深，我再抱抱他說：「你能控制住情緒的說心事，媽媽很高興，以後有事直接找媽媽說，不要再撕紙盒、丟衛生紙了好不好？」

他點頭說好。

第二天中午，先生給我看兔兔半夜傳給他的兩則訊息，其中一則是「爸爸跟媽咪聊心事」，頓時我全身起雞皮疙瘩，顯然他感受到人與人之間談心事換來的美好感覺，心生對爸爸的期待，也想看到爸媽之間能有一樣的互動。

長期以來，我已習於兔兔跳 tone 的思維方式，不曾期待他能這般條理分明的想一件事。如今他能，想到的竟是對父母親情感和和美美的期待。我感動也感慨，大人的世界裡真如他以為的單純？

幾日後的下午，我正在購物，兔兔來電：

「媽，我想跟你商量一件事。」這麼得體的說話讓我心驚了一下。

「好啊！你說。」
「禮拜六的補班，我想請假。」
「禮拜六你不想去？」
「對啦！」
「好，你能用這麼棒的方式說話，媽媽就幫你請假。」
「耶！媽媽說好。」他手機開擴音，這一句顯然是說給爸爸聽的。
那時，我正在麵包櫃前挑選隔天的早餐，以往都以卡路里多寡為取捨標準，但此刻我直接拿了兔兔最愛的菠蘿麵包放進購物籃……
日子彷彿飛著度過，點眼藥水至今整整兩個月，一瓶眼藥水推著我改變對兔兔說話的方式，最後結果意外的好，讓我不禁想起一句話：「外求一物是一物，內求一心是全部」。
誠然，二、三十年來，我點點滴滴向外求取與習得的，讓我把他教養得人模人樣，但我不討他喜歡，是一直以來的事實。心軟弱時，委屈與鬱悶隨之而來，付出與回報太不對等的苦訴說無門。而今，只是心境與態度上的一點點改變，隨即扭轉形勢。這不可思議的經驗，教導了我，該向內多做探索和調整，讓他更喜歡我，自己也能有更多平和、清朗、快樂的時候。

有女同行

熟識我們的人都說，她是老天派來補償我的。我不願如此認定。她是她自己，不是任何平衡苦難的附件。

還記得那年，兔兔十歲，女兒八歲。一天，放學後我開車載著他倆回家。一路上，兔兔睡得沉沉的，方才和幾個老師的孩子玩球卻被排擠的傷害，想來早已拋到九霄雲外。女兒沉默地望著車窗外，不同以往那樣吱吱喳喳報告一天生活。我從後視鏡瞥看兩兄妹。

「妹妹，怎麼都不說話？」

「媽咪，哥哥會不會好？」她沒回答我的問話。

「什麼會不會好？」

「哥哥的病。就是那個，過動啊！」她壓低著聲音說，唯恐哥哥聽見。原來是剛才的玩球事件鯁在喉頭。

「不知道，但媽媽相信他會愈來愈好。你看哥哥現在不是比以前好很多嗎？會自己穿衣服、會刷牙、會到福利社買東西、還會唸書寫字……」我努力地解釋。

「我是說會不會像感冒那樣，打針吃藥就好？」

終於懂她內心的沉重，長期以來看著哥哥在生活上的笨拙、課業上的困頓，以及經常的發脾氣吼叫，這些已經成為她企盼揮去的陰影。

陰影不時地出現在她的生活裡。繪畫班老師以「我最想得到的」為題引導討論時，她不假思索地舉手說，最想要一個健康的哥哥。當下愣住了老師，笑倒了同學——你哥哥又沒病。她不敢辯駁地坐下。坐下，保護了哥哥，也藏下一肚子的委屈。

許多的委屈，把我們母女倆黏得緊緊的。某個夜裡臨睡前，我們聊到她昨晚做的惡夢，討論夢境的虛實。她訴說著一幕幕恐怖的情境，不時抓緊我的手。突然話鋒一轉：

「媽咪，你做過惡夢嗎？」

「當然有，每個人都有過，就像你那樣。」

「那你可不可以說說看？」

「唉呀！早忘光了，每天要做一大堆事，累到倒頭就睡得不省人事，哪裡記得那麼多。快睡，媽真的好累，待會兒還要陪哥哥睡覺，還要晾衣服，好嗎？」

每天我都巴望著他們早早睡覺，這一晚為了梳理她的惡夢情結，聊了快一個小時，想到接著還得把哥哥從電視機前叫到床上，又是一場戰爭，背脊有些發熱地不耐煩起來。

「好，我說完話就睡。我知道媽咪最愛睡覺，睡著了是美夢，醒來就是惡夢，對不對？晚安。」

她調皮地拉起被子蓋住臉龐，側轉過身，留下一臉愕然的媽媽。從未為自己近乎肉搏戰的每一天下過註腳，此刻，女兒童言童語卻一針見血。

可不是嗎？日日帶著兄妹二人，從早上起床到晚上睡覺，妹妹總是照章行事不勞費心，哥哥則是起床不悅、早餐挑剔、出門上了車畫座位線要妹妹不准越界、晚上叫洗澡不耐煩、呼喚寫功課就摔書包……，活像另一個國度的人。

妹妹陪著我經歷每一個生活細節。於是，她的成長速度倍於同年齡小孩。

曾經因為出差，把兩兄妹託放在同事家裡。次日，同事轉述妹妹的一言一行，簡直就是家中生活的翻版，只是媽媽換了個人。

「哥哥，吃飯了，要洗手喔！」

「哥哥，不要用手拿菜，用筷子。」

「哥哥，先用肥皂抹身體，海綿也要，這樣搓身體才不會痛。」

「哥哥，我看你今天是快寫小子嘛！三兩下就寫了一半！」

「哥哥，三加五，三擺心裡，手比五，再把三抓出來，數下去。」

我們在生活上一直用心用力，但是母女倆對兔兔的心態卻截然不同，我是「等待而不期待」，她小小心靈卻是想望奇蹟出現——哥哥好起來。過年返鄉，例行性祭拜祖先時，不同於其他小孩的嬉鬧，她定定地在神桌前一拜再拜，大家只覺得有趣。小年夜拜天公，眾多孩子玩累了都早早睡去，也獨她跟著大人拜拜，又是一臉虔敬地執香行禮。

「妹，你求什麼？」我好奇地低聲問。

「我求天公保佑我們家，爸爸不忙、媽媽不累、哥哥的病早點好起來。每年我都這樣求的。」

「沒替你自己求啊？」

「有啊！我求天公保佑我，不氣哥哥欺負我。」

香煙裊裊飄向夜空，星光無語，我攬她入懷也無語。

熟識我們的人都說，她是老天派來補償我的。

我不願如此認定。她是她自己，不是任何平衡苦難的附件。倒是年少時在一張書籤看過一句話：漫漫長路，有你同行，不覺路長。

當時只覺得美，如今真懂。她是我辛苦養兒路上的同行者。只是不忍，那時她才八歲。

人們常說，那美好的時光總是過得特別快，其實不美好亦然。我慶幸她靠著自己的努力，和離家以後許多人事的滋養，順利完成學業，投身喜愛的戲劇工作，且稍稍有了成績。即使生活被排練、演出、寫劇本填塞得滿滿，但「家」仍是她最懸念的港灣。每逢年節、家人生日或工作鬆緩時，「回家」就是她的首要排程。甚至，對於未來必須獨力照顧不能自理生活的哥哥，以及父母親的老後，她都念茲在茲的準備著、規劃著。不甚圓滿的人生長路，我幸運有她同行，但也心疼她負荷之重。

衷心祝願，那路上許許多多的荊棘石礫，能化成她生命的福智資糧，圓滿一生。

懸崖邊的捕手

陳醫師與丁社工不是我的朋友，卻是修羅場邊一次次拉住我別倒下的人。在醫院候診間滿滿的人群裡，我是她們的病患之一，但她們是我的唯一。

年輕時，我的同學說我是不寫詩的詩人，其實不是不寫，是不會寫，同學會那樣形容，完全是從我滿溢到近乎矯情的浪漫善感而來。很久很久之後，才從書上知道自己是所謂的「高敏感族群」。為母則強，生養兔兔之後，我很快懂得浪漫是天邊的雲朵，無助於現實的困窘，只是依舊善感，尤其是受到疼惜或幫助時，感謝與感動總是在心裡縈繞久久。因為兔兔，我遇到兩個一生永記的人，她們是懸崖邊的繫命繩，一次又一次的拉住我免於墜落。

陳醫師

在網路不發達的二、三十年前，就醫前無從了解醫師的經歷與評價，掛號後，分到哪個醫師就給哪個醫師看。當時我們被「分配」到一個和我年紀相仿、個子比我還小的女醫師，後來才知道她是桃園療養院兒童精神科主任。

「兔兔好嗎？」是每次在診間坐定後，陳醫師的第一句話。

通常我的回答都是「不好」、「不太好」。每日生活看似井然有序，多變的細節其實充滿挑戰，一個有障礙的孩子，要一路順當度過每日每月每年，不是容易的事，不好、不太好幾乎是常態。

這些不容易，是孩子的課題，同時也是我和陳醫師的。我們在診間一次次討論不同的問題，陳醫師給予的支持和建議，讓我得以繼續面對每一天的生活。近三十年的往返奔波，磨圓了從家裡到醫院沿路的粗礪石子；三百多次的晤談，撫平了兔兔成長過程裡的所有不平順。如今回顧，陳醫師並沒有開出什麼神奇的靈丹妙藥，在那看似尋常的醫病對話，她的專業與我的信賴，匯成一道細水長流。

有一回看診，陳醫師依舊問：「兔兔好嗎？」我回答：「不好。」醫師又問：「那你好嗎？」我答：「也不好。」不同以往的安慰，陳醫師指著我的鼻頭大聲說：「你要好啊！媽媽不好，孩子怎麼會好呢？」霎時，我的理性矜持斷線，崩潰大哭了起來：「我也想好啊，可是我已經受不了了。」

當下陳醫師做了兩個決定，一是重新為兔兔做鑑定，她認為之前過動症的診斷，以我的配合和努力，兒子不應該仍是這般難帶；她又根據我的敘述回查過往病歷，與現況對照，發現了自閉症的自殘與固著傾向。二是為我安排一個社工員，「過不下去了，就去找她。總之，你必須好。」從來沒有人這麼對我說話，那專業讓人信服，那權威又讓人感受到她把你擺在首位，你不努力都不行。

那是一次深具意義的轉捩點。兔兔再做了一次縝密的評估，包括智力測驗與自閉症評估，醫師親自與他對話互動半小時，確定除了原先的輕度智能不足，還有輕度亞斯伯格症。在醫學上，亞斯伯格屬於自閉症範疇，智能不足與自閉兩症合併確診為「多重障礙」，先前的過動是伴隨症狀。在這個階段，我也開始了每月一次與社工師的晤談。

兔兔上國中後，持續抽長的身軀裡潛藏著青春期的躁動，寒暑假對我對他而言，都是可怕的黑暗時期。妹妹可以自己看書、彈琴、上英文課、參加營隊活動。兔兔除了每週兩個晚上家教課之外，整天看電視、玩電腦、吃吃睡睡，沒有任何活動可以報名參加。我終日守著他，認真的煮三餐、謹慎的說話，生怕一個不小心惹他不爽又暴衝起來。

國二，我對陳醫師說起對即將到來的暑假的恐懼，她查找醫院為青少年舉辦的暑假活動，說：「有一個亞斯伯格社交技巧訓練的團體，要不要讓兔兔參加？他這方面也很需要加強。」如獲及時雨的我激動地說：「當然要。」

然而，兔兔因為智力不足，在和智力正常甚至高智商的亞斯兒一起活動時，頻頻讓團體運作卡關。最後陳醫師讓兔兔退出團體，改為日間留院。我就每天如上下學般的接送，也從中獲得六、七個小時的喘息空檔，直到暑假結束。

回憶這些往事時，深深慶幸自己遇到陳醫師，她敏銳地從兔兔生活細節裡發現問題，又一次次幫助我度過難關。能被如此庇蔭般的對待，真是一股有力的撐托，沒有人懂那對我有多難得、多寶貴，我長年無休的身心也爭氣地持續長出力量，彷彿在回應陳醫師的話——當我好時，兔兔自然更好。

丁社工

丁社工是個理性且嚴守職業規範的工作者，笑臉不多、說話不帶情緒、語調一路平和到底。起初每月一次的諮商晤談，讓懷抱著取暖期待的我有些不適應，但年輕時對諮商輔導稍有涉略，知道那是社工必須具備的專業態度，所以還是珍惜的持續著。

社工不同於醫師，例如丁社工，她不批判、不建議、不教導，就是聽你說，並適時同理你的心情，確認你的情緒，澄清你的思路，循著主軸幫你剪除枝枝葉葉，鼓勵你說出此時此刻認為最恰當的做法。

我信任這樣的專業引導，慢慢敢於掏剖自己的困頓和軟弱，她陪著我釐清痛苦的根源，拆解長期以來對婚姻與家庭自訂的框架，承認現實的不美滿，放棄不切實際的期待……。那是一段自我解構的艱難歷程，她看著、陪著，那一路平和到底的說話，像河中央突起的磐石，穩固可靠，只要累了就可以爬上去歇息，任水流過身旁。

曾經，在一日之初，家中就已烏煙瘴氣，我含淚載著兩個孩子上學。到校後抽空打電話預約社工，並利用接下來的兩節空堂，淚眼朦朧的飛車奔向桃園療養院，對著她一股腦的傾吐滿腔的無奈與怨氣。

也曾經，陪兒子寫完作業已是深夜十一點，我正疲累的拿衣服準備洗澡，整晚被忽略的妹妹倚靠在更衣室門邊，幽幽地說：「媽咪，等一下來抱抱我，好嗎？」我內心一陣抽痛，但仍勉強擠出笑臉：「好。」待她轉身回房，我衝進浴室，淚流不止，全身癱軟。次日，我在桃療諮商室放聲大哭，哭對女兒的虧欠、哭不夠用的體力、哭看不到盡頭的日子。而丁社工沒有任何虛浮的安慰，就是靜靜的傾聽，默默的陪伴。

時至今日，一路的勞苦漸漸淡出記憶，但我始終忘不掉走出諮商室時，社工拍拍我肩膀，輕聲一句「加油」，給我的力量已如千鈞。與社工師的晤談，是我的心靈一一九，我謹慎地視為師父給的救命錦囊，只有在丟盔棄甲、瀕臨危岸的時刻，才取出保命。

這樣的晤談是一種自我內在的清理，過程中，有剝除陳年穢垢的痛楚，也有重新滋養能量的功效。許多養育障礙兒的家庭，最終走向父母罹患憂鬱症或婚姻崩塌的境地，而我至今仍能在完整的家庭中努力，桃療完備的治療系統功不可沒。

後來，在一場病患家屬分享會上，陳醫師囑我講述身障兒就醫歷程，我真切的向台下的同命人呼籲，要及時發出求救訊號，要勇敢說出自己的苦與難，讓專業的醫療來幫助我們，因為「媽媽要好，才能把孩子帶好。」

演講結束，醫院安排神祕嘉賓獻花，我正低頭嘟噥之際，丁社工捧著鮮花出現，我驚喜與她互擁，恍惚間，感覺自己宛如她手上那束精心包紮的花束，已經有生氣、有顏色，可以公開示人了。

人說時間是個篩子，篩出了是非，沉澱了苦難，留下與你生命相交的朋友。就醫病關係而言，陳醫師與丁社工不是我的朋友，卻是修羅場邊一次次拉住我別倒下的人。在醫院候診間滿滿的人群裡，我是她們的病患之一，但她們是我的唯一。如果時間重來，我依然會走同樣的路、做同樣的選擇，把兔兔和自己交託到正規醫療人員的手中，因為就是靠著他們，我們的家庭才仍然完好，兔兔才能在穩定的環境裡成長與進步。

一隻貓的力量

依久的到來，像是一把鑰匙，開啟了每個人的心門，注入鮮活的生氣，溫熱了層層冰凍的心。空氣裡逐漸有了歡聲笑語，所謂的「療癒」如神話般顯現。

九年前的一個冬天深夜，放假返家的妹妹驚慌的把我從睡夢中叫起：「媽咪，我房間窗外有聲音，好像嬰兒在哭。」拉開她房間窗簾細聽，果真傳來一陣陣「凹嗚——」「凹嗚——」妹妹的房間在後院增建的二樓，旁邊有塊小小畸零空地，我們一半搭上遮雨棚，一半露天種了些花草，聲音是從那裡發出。

「不怕，不是嬰兒，可能是貓咪。」我說。找來手電筒往窗外搜尋，赫見雨棚靠牆邊一隻瑟縮發抖的小貓。無從想像牠是怎麼來的，只想天冷應幫牠脫困，便打一一九問能不能幫忙？結果來了一輛消防車、兩名消防員，高大的消防員抓下一隻小小貓的反差畫面有些滑稽但又溫暖。

消防員問如何處理貓咪，我說：「抓到戶外放生。也許牠能找到回家的路。」於是把牠放在斜對面的小巷口，消防員爬上消防車發動引擎準備開走，突然一路跟著的妹妹大喊：「停！貓咪在車輪下。」消防隊員下車抱起小貓，再次放到小巷口，開車走了。

三更半夜的救貓記，讓我累得直打哈欠，妹妹一臉戲未完的表情說：「我想看看貓咪怎麼樣了？」

我們打開庭院小門，赫見小貓蹲在門口。「我怕貓，不准抱進家裡。」小時候被貓咬過的我堅決地說。

次日清晨，我下樓看到一幕衝撞我心房的畫面：妹妹睡在沙發上，胸口被子上蹲坐著那隻小小貓，牠望著我，除了警覺的眼神，一切是那麼溫馨祥和。

午餐後，我到小七買一包魚肉貓食；傍晚，妹妹收假回台北，我又去寵物店買貓砂、罐頭、飼料，然後我們就開始養貓了。因為是一一九救的，我們為牠取名：依久。

我怕貓，爸爸也因過敏性鼻炎排斥養貓，但木已成舟只能硬著頭皮。依久是個小女生，長相清秀舉止優雅，牠會在水龍頭底下尿尿，讓我們方便沖洗；排便會在貓砂盆；

吃東西不疾不徐，半碗飼料可以吃上一天。

我在電話裡告訴兔兔家裡多了一個貓妹妹，他誇張回應：「這下我慘了，又來一個妹妹要照顧了。」

週五兔兔一進家門就問：「貓呢？」然後一樓一樓的找。我不認為他愛貓，只是孤單久了，為生活裡增添新成員而開心。沒隔多久他喜孜孜的把依久抱下樓。

「媽啊，牠喜歡我，你看，一直不肯下來。」他沒有現實感，只說他想的，因為依久明明被他緊抱懷裡連掙扎都沒法子。

「你別把牠嚇著了，快放牠下來。」他聽話的放下，依久一溜煙跑上樓。

接下來的兩天，兔兔只要下樓，在樓梯半道就問：「依久呢？」爸爸見他如此喜歡，也改變了態度，也不時問：「依久呢？」

我們家人的活動空間分別是，我常在一樓，料理三餐、寫字看書、待客說話；兔兔待二樓，在臥室和起居室睡覺、看電視、玩電腦遊戲、畫畫、聽歌；爸爸在三、四樓，看書、泡茶、追劇、玩電腦，午晚餐時間會在一樓客廳看電視。平時各做各的，除了晚餐吃什麼，沒有共同話題。

依久的到來，連結起所有人，有事問「依久呢」沒事也問「依久呢」，這始料未及又生氣鮮活的氣象，讓我又驚訝又高興。

值得一提的是，依久對兔兔的療癒，比對任何人都多。

依久喜歡曬太陽，我常放牠在院子遛達，鄰家貓咪覬覦依久的秀氣美貌，每每從遮雨棚躍下來招惹，但只要交代兔兔留意保護，他就會到庭院巡邏或把依久抱進屋來，嘴裡不停地說：「乖，秀秀，哥哥保護你。」

依久被兔兔緊抱的不舒服感，讓牠遠遠看到兔兔就溜，但兔兔不以為忤：「你是見到鬼了嗎？」

寶貝、小笨蛋、小壞壞，是兔兔對依久的暱稱。明明依久正趴在窗邊看風景，他硬是把依久抱進懷裡：「沒事沒事，哥哥秀秀喔。」又或者把依久趴放在肩膀上，向我炫耀：「媽，你看，牠是我的圍巾，好暖好舒服。」我怕依久生氣伸出爪子，總急著叫他放下。但依久從來不曾抓傷過他。

兔兔週間在新竹，家裡只有兩老，無聲勝有聲。一年後的冬天，晚餐過後我正在廚房清洗碗筷。

「李換，你過來看。」正看電視的爸爸突然出聲。

「我在洗碗，看什麼？」以往只有播報重大新聞時他才會這麼叫。

「快來啦！你來看就知道。」他催促著。

是依久躺在他大腿上暖暖的睡著，老爸一臉慈祥滿足。

另一個晚餐後時刻，家用電話響起，一聲兩聲好幾聲他都沒接，明明只要挪個屁股、伸個手，我有些火氣的喊：

「接電話呀！怎麼不接？」

「我沒辦法接。」

我關掉水龍頭、擦乾手、跑向客廳，鈴聲已斷，又看到依久正舒服地趴睡在他腿上，他一臉無辜又帶著「我這麼被需要」的得意。

我的心頓時軟了下來。走回廚房的幾步路裡，內心滾熱，淚竟止不住地落。

二、三十年來，這個家不曾出現過這樣的溫馨氛圍，彼此都不曾被這樣柔軟對待，因為大大小小的困難一樁接一樁地來，每一份付出都在夫妻之間的秤桿上，幾斤幾兩地計量著。努力、忍受、逃避、怨懟填塞在彼此的心房，誰都沒有心思和餘力去溫暖地相互對待，原本共築美好人生的夢破滅，看似完整的家多半時候冷得像一座冰窖。

依久的到來，像是一把鑰匙，開啟了每個人的心門，注入鮮活的生氣，溫熱了層層冰凍的心。空氣裡逐漸有了歡聲笑語，所謂的療癒如神話般顯現。我多麼期待這只是個開始，我們都能被撩出更多的體貼心思，把這個已經傷痕累累的家，修復，治癒。

我的隊友

當我回看過往種種，看見他身不由己的性格，看見他一生不比我少受的苦，幾度辛酸心疼地抑制不住淚水。

兔兔回桃園接受安置之後，成了我們日常生活的重心，平時就是在機構與住家間往返。

兔兔沒辦法料理自己，熟悉與規律，是讓他安心的首要條件，以至於我和先生必須至少有一人在家陪他。今年四月，好朋友規劃一個頗為適合我們的小旅行，三天兩夜，只需有人打點兔兔的晚餐、過夜、早餐。我積極向社會局尋求身障照顧者的喘息服務，幾番電話與公文來去，才知所有的臨時短期托顧都只有日間服務，正準備放棄時，一個既親近且與兔兔熟悉的學生伸出援手，電話裡她一句：「沒問題，老師放心去玩。」讓我鬆一口氣又感激不已。

三天兩夜的小旅行裡，我的肩膀與心都放鬆許多，看著兔兔爸爸開心滿足的模樣宛如飛鳥出籠，想起他退休前說的話：「我就是要趁著還有體力時到各地旅行。」很難想像這些年為了兔兔，他事與願違的境遇是何等憋屈。那一刻，一份難得出現的心疼油然升起。

爸爸是兔兔成長路上最主要的認同對象。如果說養育兔兔是「辛苦」，那麼他是僅次於我的人；若說「心苦」，也許他比我還多，因為他承載了我半生的怨懟，也經受過巨大的挫折，卻沒有訴說的對象。

有時我能明白男人把一切往肚子裡吞的苦，有時又不懂，苦就那麼多，兩人共同分擔就減半了，可是我們一路走來，卻那麼難。但無論如何，他沒有當逃兵，他還在。

兔兔爸爸年輕時是學校看重的青年才俊，是和學生打成一片極具熱忱的老師，兔兔出生時，系辦公室附近的走廊、樓梯牆上貼滿了學生繪製的賀喜海報，滿溢的喜氣裡，沒人知道那是兔兔此生的巔峰，亦是我們這個小家庭惡夢的開始。

兔兔確診多重障礙，是個漸進的歷程，從診斷感覺統合失調開始，接著學習障礙、過動、自閉、智能不足，一次次的，像拼圖那般，最後拼出完整的面貌，結果雖然殘酷，對我而言，豁然明白比一直在迷霧裡摸索無措來得好。但對爸爸卻是一大打擊。

八〇年代 Apple II 方興未艾，當時他是學校電腦的管理者，在程式設計方面也展現出優秀的才華。長官積極遊說他出國深造，他以孩子發展遲緩為由婉拒。後來，學校史無前例啟用僅有碩士學歷的他擔任電算中心主任，那讓無數人欽羨的美好前程才剛一腳踏上，另一腳卻踩空，摔落生活的萬丈深谷……

我不知道那時的他，在家庭與事業的強烈反差之間，是如何思索又怎麼調節心情的，一來我欠缺能力與智慧，二來我必須帶著兩個孩子，又得在家、學校、保母家和醫院之間來去奔走，也渴望獲得喘息。我理解事業上的忙碌讓他無法分擔，卻不懂每每討論兔兔的問題時，他都是沉默以對，這讓我近乎抓狂，又不時陷入孤單奮戰的怨懟裡。

我自認是一個只要你對我好，挑蔥賣菜擔肥種地都願意的人，只需幾句安慰，就能消弭大半怨氣。我一次次表達，一步步退而求其次，最後只剩這樣簡單的要求，他仍舊給不出來。太多的不明白充塞在無數個不眠的夜裡，也開始對這樁婚姻起了懷疑。

當時我們住在學校的教職員宿舍，孩子還沒上小學，沒有功課壓力，偶爾我會在黃昏時刻，帶著兩個孩子到爸爸的辦公室玩，順便如孩子童言童語的「把爸爸帶回家吃晚餐」，那次數不多的全家漫步校園，是我回看往事時的一點點甜美回憶。

類似的景況後來又出現一次。鑑於在大學裡沒有博士學位不易生存，兔兔爸爸決定攻讀博士班。期間又被徵召負責全台大型運動會資訊組的工作，教學備課、博士班課程、運動會務三頭忙碌。

我和已上小學的孩子難得見他一面。偽單親的生活裡，還得帶兔兔上醫院看診治療、參加身障團體活動，時間永遠不夠，疲累沒有盡頭。

夜深時刻，不信邪的仍想求取一份安慰，反被他認為我又在計較誰的付出較多。那樣的時刻，我們像兩隻刺蝟，各自都需要溫暖和力量，碰在一起時又互相刺傷。日復一日。

後來，運動會結束，他才稍稍喘息，博士班的資格考隨之到來。一說研究計劃不完備，一說沒經營好人際關係，口考當日指導教授缺席，資格考未通過，兩年的努力付諸流水。面對這樣大的挫敗，他仍是一貫的沉默，即使後來校方提出彌補方案，他一概不予理會，以至於來人找上我，我才得以知道事情梗概。直到退休離開校園，兔兔爸爸再沒談起過這件事。

相處時日愈久，我逐漸察覺在遭遇困難與挫折時，他的處理態度都是不談不看，任由時間經過，讓新事覆蓋舊事，以至於許多只要再努力一些、再爭取一回就可能逆轉形勢的情況都沒發生。這和兔兔碰到不順心的事就歇斯底里，風波過後，不能討論也沒有反思，似乎有幾分相似。

回首這些陳年舊事，我看到自己在守護兔兔與支持伴侶之間，確實顧此失彼了，於是有一股找他好好談談的衝動，想問他究竟把那些挫折沮喪藏在哪裡，又是如何熬過？更想以現在的能力撫慰他年輕時經受的那些委屈和打擊。但知道問也沒用，所有不如意的事情和心緒，他早已全然吞下，深入骨髓化成血肉，或者全部拋到九霄雲外讓風吹散了。見過一些夫妻面對難關困境時攜手同度的例子，但到底我們不在其中，最後走上各自嘗受的平行線。

往事已矣，退休後的我們各自尋求身心安頓，兔兔成了共盡心力的交集，我依舊負責他的衣食、醫療、安置，爸爸則是休閒生活的陪伴者——茶、咖啡、電腦遊戲，那都是他非常熱愛又擅長的。

關於咖啡，爸爸讓兔兔嘗試過美式、義式、拿鐵、黑咖啡，兔兔最愛黑咖啡，苦和酸讓他覺得過癮。有位馬來西亞的朋友知道兔兔愛喝咖啡，來台灣時特別帶了怡保著名的白咖啡，他得意地等待兔兔喝了之後讚賞，不想兔兔回他一句：「下次帶苦一點的來。」又一回全家到餐廳吃飯，餐後他才呷了一口咖啡就皺眉：「咖啡水嘛！」眾人都笑了。媽媽我特別開心，在這時代喝咖啡是平常事，而懂得咖啡的級別好壞，是關乎品味了！

泡茶也是爸爸的好本事，常來家裡的朋友都能喝到他泡的茶，每一回總是教學式的說著茶事，什麼生茶熟茶，淺焙深焙，春茶雨前茶，龍井烏龍碧螺春……，我聽了千百回，只記得日月潭的紅韻紅茶，因為就愛喝它。

兔兔耳濡目染下也喝起茶來，他的房間裡泡茶器具齊備，茶壺、茶杯、茶海、濾網、攪拌棒擺滿小茶几，有時自己泡，有時爸爸泡給他。

開心他有這麼個嗜好，也知道他只懂一點點皮毛，但喝茶時的老手模樣總讓我想笑，身障兒的矯情很透明很可愛！

至於電腦，兔兔爸爸本來就是高手，遊戲對他是小菜一碟，要把不聰明又沒耐性的兔兔教會才是件不容易的事。所幸他們有一套屬於男人的互動模式，一個為了遊戲忍住脾氣，一個圖著教會了就一勞永逸，偶爾聽到誰大聲嚷起，另一個必是壓抑地說著討好的話。

每天兔兔一回到家，洗完便當盒立刻衝向二樓，開電腦、拿保溫杯裝熱水，然後泡茶開始，遊戲開始，用他自己的話說就是「太爽了！」

對於兔兔而言，我們稱得上是及格的父母，一個管吃飽穿暖，一個管休閒娛樂，各盡其職。而當夫妻間發生任何不愉快時，兔兔的焦慮程度明顯上升，關起房門熄了燈，躲進被窩試圖隔絕不開心的情境。這種時候，誰再大的火氣都會降溫，再深的委屈都願吞下，不願傷害兔兔是夫妻之間的最大公約數。

我慶幸年輕時曾受過基本的諮商輔導訓練，此刻，能試著持平且深入地去思索一個人。當我回看過往種種，看見他身不由己的性格，看見他一生不比我少受的苦，幾度辛酸心疼地抑制不住淚水。淚眼中，看見同時掉落海裡的兩個人，下意識推開對方以減輕負重，卻又緊緊拉住怕對方溺死……

太難了，這人生。白居易寫過一首樂府詩〈太行路〉，其中一段：「行路難，不在山，不在水，只在人情反覆間。」應是我心情的最好註腳了。

不逃跑的人

我感謝小火圈的燃起，以及熄滅。同時，感謝一路上遇見的許多人，以及長期閱讀所汲取的某些段落字句，都讓我深受觸動和啟發。

母親節前夕，COVID-19疫情擴散急遽，女兒被匡列，必須自我隔離。多年來家裡的重要節日活動都是她在規劃執行，這下子她不能出門，母親的家庭活動自然暫停。我記掛著她隔離期間的飲食，一早便去採買水果蔬菜肉類，計劃著送去的時間。

煮好午餐後，我告知兔兔爸爸：「我幫妹妹送食物，晚餐你和兔兔自理，我知道你們不懂得怎麼幫我慶祝母親節，所以送完東西我就到處走走，算是過節吧。」口氣裡，沒有以往被冷落的委屈，讓他因此鬆了一口氣：「好，晚餐我再和兔兔討論。」如他一貫不給安心的答覆，不過口氣還好。

待出門前，經過兔兔房門，我特意停下來說：「媽去給妹妹送東西。」「我知道，你要去管妹妹，去去去，送完東西就去玩。」想爸爸已經跟他說過，他沒有不安了。

「哪是玩，就走走散散心。」我說。

「好啦，不要不回來就好。」我知道他怕我不在，尤其是吃飯時間。

父子倆各自的心情，我都了然於胸，但不再把他們的好惡和期待擺在自己之上，我要放鬆一下，享受幾小時的母親節福利。

孩子還小時，是先生事業的起步階段，我一心想當個讓他無後顧之憂的好妻子，就包攬了家裡的大小事，做著做著，時間一久，成了自己的習慣和別人的理所當然。

教書和教養孩子性質類似，如果孩子健康正常，我會和其他同學同事一樣，辛苦的程度少些，把家經營得和諧溫馨些，尤其當孩子漸長，還能分擔一些家事，那會是多麼美好啊！

可惜，人生沒有如果。兔兔的障礙，讓我在操辦所有家務之外，還必須一步步的教導他生活上的各種細瑣技能，刷牙、洗臉、穿衣、穿鞋、如廁、洗澡、寫功課、收書包……，教會每一項所花的時間，短則數月長需數年。過程中體力持續透支，耐心一次次粉碎，那些勞累和無奈，都化成黑夜裡無人看見的淚水。此外，還要帶他去醫院看診，陪他參加社交活動，幫他找玩伴找學校……，每一項都必須費心用力，也都在他時好時壞的情緒狀態下，兵馬倥傯的進行著。

我不是超人，生活能力甚至平庸得不及一般人，會累，會生氣，會抱怨，會期待先生的分擔，或者給予精神支持，奈何表達心意情感卻是他最弱的一環，於是我的哀怨加上他的沉默，揉成一頭怪獸，一口一口的啃噬曾經想要百年好合的信念。尤其他在攻讀博士班時受挫之後，夫妻之間的對話更少，我想他是怨我的，因為我沒有給他足夠的支撐。

老天對這小家庭的考驗太嚴厲了：丈夫事業蓄勢待發，需要有人在背後推一把；兔兔多重障礙，需要更多精力教養；妻子忙累不堪，需要勞力與精神上的支援；小女兒甫出生，需要細心呵護。一家四口都是索求者，而我們的親人都不在身邊，無處取得支持和後援。

我只能在好妻子與好母親兩個角色之間選擇一個，累極了的時候就下意識端出秤，計算誰付出的多、誰貢獻太少，不斷求取看似合理其實無法合情的給予，最終只有失望，繼續面對看不到盡頭的漫漫長路……。如今，老眼回看，我還是心疼當時的我們以至淚濕鍵盤。

那一段最艱難的歲月終於過去。孩子漸長，衰事已少，生活節奏鬆緩許多，只是隨著兔兔進入不同人生階段，新挑戰又陸續出現。心還是磨著，身體也折騰得慘，手腕肌腱炎、網球肘、五十肩、腰痠背痛總是輪流著來，還有那數不清的負面情緒，讓我長年被皮膚癢困擾著。身體各處三天兩頭起疹子，症狀輕微我就忍著，實在起得多了、癢得難受才去就醫。一位我熟識的中醫師說：「它在幫你排毒，就像你去做諮商那樣。」他家也有個亞斯兒，所以懂得箇中滋味。

五年前的母親節，夫妻倆為了生活瑣事爆發激烈衝突。之後短短不到十分鐘，嘴唇邊開始灼熱泛紅，接著發癢、刺痛。我見它來勢洶洶，不敢隨意擦藥，只拚命用冷水撲臉來緩解灼熱感。當晚，唇邊宛如帶著一輪小火圈般，難以入睡。我回想著小事件大衝突，與夫妻倆一路走來的酸苦與積怨不無關係，眼淚止不住的流，鹹鹹的淚水流淌到唇邊，刺痛加劇。當下，我的身與心完全陷落，若還有什麼念頭，便只有一個：逃離這個世界。

隔天，我直奔一家自費的皮膚科診所，費用很高，但含類固醇的藥很有效。我顧不得副作用，往後三天癢了痛了就擦。到了第六天，已不癢不痛而開始脫皮，唇邊一圈白色屑屑，一撕就起，卻老是撕不完。直到第十天，白屑落盡，一圈粉嫩新皮迎向新生活。

新生活是只要心情波動、壓力襲來，唇邊就開始灼熱發癢，然後前述的流程再走一遍，十天後結束。如此反覆發作整整兩年，期間曾遇到一個有耐心的西醫，在聽完我的敘述後說：「這是一種情緒過敏，症狀和一夜白頭類似，人難免有心理壓力，但身體會找機會慢慢釋放，你應該是積壓太多太久了，才會有這麼強烈的反應。」

是啊，不曾停歇的操勞，無人訴說的感受，讓我隨時都想要逃離，但一想到兔兔就抬不起腳，那混亂糾結像一團找不到線頭的毛線球，難以收拾。

醫生給了抗過敏的藥，說必須隨身攜帶：「當你預期會有壓力或不愉快的情況出現時，趕快吃藥，它能阻斷組織胺的釋放，讓皮膚不過敏。」我笑請醫生必須先在我的腦袋裡，安裝一個偵測未來的雷達，藥才派得上用場。醫生笑笑用閩南話說：「盡量兜好啦！人生甘毋系攏按捏？」

二〇一八年秋天，我暫拋家人，帶著小火圈，赴泰北參與一項希望工程的教學活動，為期兩週。泰北比台灣熱，唇邊的白屑已起，沁汗時刺痛感又來，所以只要手一空閒，就不停地撕剝它。一個隊友的大陸女友看不下去，說：「別剝了，看得難受。找個地方，我幫你解解。」

下午四點，簡陋的廚房無人，我們在飯桌邊對坐。她要我一心虔誠，莫有雜念，在紙上寫下姓名與出生年月日。接著拿出一條繫著墜子的絲繩，閉上眼睛在我面前旋繞，墜子靜止，她睜眼看著我說：「你很辛苦，嘴唇邊的紅腫是身體在告訴你，你的負荷已經超過身體的能耐……」話未說完，我像是淚腺被剪了一道破口般如雨傾下。待我哭完，她問了一些問題後說：「衝突來時別去吵，安靜地離開，再把你想說的話寫下傳給先生，文字有沉澱的作用，溝通的力道勝過吼叫。」

無關迷信與否，一個只認識幾天的通靈女子，所說的竟與醫生完全相同。我信了小火圈不只是皮膚過敏，而是身體在告訴我：在教養兔兔的漫長征途上，我披戴著盔甲，不斷衝鋒陷陣，戰勝了無數困難，看似英勇無畏，但盔甲裡面的那顆心，累了、病了，需要好好看顧了。

我一直記得女子的話，回台灣後，開始學習當紛爭出現時安靜離開，事後再用文字表達心中所想。先生少有回應，但態度已然有些許不同。對於兔兔時不時的情緒起伏，我也改成「是你心情不好，不是我心情不好」的切割態度，不再像過去情緒糾結。

我仍然盡可能感受這兩個大男人的心思，平時料理三人的衣食生活，但累了就讓父子倆自理，不再覺得抱歉；我想去哪裡，事先告知後就出門，不再心疼誰可能有被遺棄感。好些日子以來，我就這樣靜靜照顧著自己的心，不再讓它受委屈。

我看著他們，感受著周遭氛圍，覺得緊繃就調鬆一些，發現快了就放慢一點。不知從何時開始，硝煙味淡了，小火圈發作的次數也少了，偶然間回首，才發現它已經很長一段時間不再出現了。

我感謝小火圈的燃起，以及熄滅。同時，感謝一路上遇見的許多人，以及長期閱讀所汲取的某些段落字句，都讓我深受觸動和啟發，成了我心境轉換的助力，當因緣俱足，揮手告別苦情人生的時刻就到來了。

曾讀到大陸作家劉亮程寫的一篇散文〈逃跑的馬〉，文中有一段話：

我相信累死一匹馬的，不是騎手，不是常年的奔波和勞累，對馬的一生來說，這些東西微不足道。

馬肯定有牠自己的事情。

馬來到世界上肯定不僅僅是給人拉拉車當當坐騎。

這段話像黑暗裡的一道靈光閃現。我想像自己是一匹馬，一句「微不足道」撐大了心量，那句「肯定不僅僅是」拉高了視界。我漸漸明白兔兔的到來，是為了開啟我；在婚姻關係中，先生同樣有他性格上的侷限。我必須學習與命運和解。

很長一段時間裡，我將自身囚禁在計較與哀怨的苦牢裡，未曾察覺生活裡所有的磨難，其實已經一點一滴的織綴成一條鋼絲，默默形塑出一個新的生命型態，有心量去涵容，有力量去改變。

奇妙的是，當我花愈多時間聆聽內在的聲音，順著它行事時，平和與開心的時刻愈來愈多，我也因此更能柔軟的與兔兔父子互動，甚至發現我的心情能夠感染到他們的生活，他們也愈來愈好。而過去那曾經萌發過千百回的逃離念頭，已經不知跑到哪裡去了。

歸來的士兵

未來的日子裡，不知道老天會再給出怎樣的難題，但回看半生淬鍊出來的這一身，知道自己沒有畏懼又滿懷謝意。

人說一件小事只要堅持不懈的做，久了，就會出現意想不到的成果。確實是的，兔兔今年三十四歲，有超過三十年的時間，我不間斷的來去醫院，帶著他與自己去，跟醫生報告或者做諮商。說起來都不是什麼大事，卻足以讓一個多重障礙孩子長成近乎正常健康的大人。

二〇一三年，女兒因緣際會到宇寧診所拍攝關於自閉症孩子的短片，有感於吳佑佑醫師的醫術醫德，建議我帶哥哥去看看。當時二十六歲的兔兔在教養機構穩定的接受照護，我認為不需再大費周章，女兒說：「讓吳醫師看看我們還可以做什麼努力，讓哥哥變得更好啊！」「變得更好」的說法打動了我。

不同於幼時就醫的慘澹經驗，吳醫師分別與我和兔兔輕鬆「聊天」之後說：「你們做得很夠了，孩子的潛能已經完全被激發出來了，就繼續這麼做吧！」帶著一個高大男生輾轉搭車上台北，不是一件容易的事，但我不覺得白跑一趟，心底反而更加篤定。

兔兔漫長的就醫生涯裡，和醫院接觸的是我，我與醫師、社工、心理師商談，然後帶著藥回家讓兔兔服用、帶著建議回家實做、帶著被梳理修整過的心回家繼續面對生活。許多時候，與其說孩子在接受治療，毋寧說實際被注入活水的是我。

教職退休後，我以義工的身分進入桃園療養院兒童精神科，每週一次到青少年健康學園幫日間留院的孩子上語文課，教詩詞、教準備考學測的孩子寫作文。同時，我像隻反哺的烏鴉，能力所及的事一律接下，例如寫感言文章、院長投書、協尋專長義工等等。

每年八月，學園都會為孩子舉辦成果發表會，義工與家長是基本觀眾。每一次坐在台下觀賞他們練習許久的舞蹈和話劇，即使前方仍有老師帶動提醒，即使演出是先配好音，孩子只要做出動作，我都看得淚流滿面，因為想到兔兔、想到這些年少的生命，能成為眾人的焦點，能綻放光彩的時刻，這一生也許就只這麼一次。

二〇一七年的成果發表會上，我代表義工致詞，因只有一分鐘時間，我琢磨再三，寫下十句話在台上一個字一個字看稿唸完：

「回饋」是我來學園當義工的動機。
我有一個三十歲的多重障礙孩子，
六歲開始來桃療就診，持續至今。
我感恩兒童精神科的醫療團隊，
幫助我的孩子平安長大，
陪伴我走過艱難的歲月，
支持我的家庭從混亂到正常。
孩子現在很穩定，我也退休了，
就來學園做一點點事，
以回報桃療的大愛大恩。

二〇一九年，衛福部召開「我的教室在桃療」記者會，我又以病患家屬身分分享就醫經驗，這一回我將十句話擴充成篇：

我叫李換，退休前是國小教師，先生在私立大學任教。我的兒子今年三十二歲，他輕度智能不足與輕度自閉，領有多重障礙手冊。可能是我教書工作的關係，兒子出生後的異樣發展，我很快就察覺，所以從兩歲半開始跑醫院做檢查，一般的診所和坊間的感覺統合中心不說，我們去過台大、長庚、台中中山醫院，最後選擇了桃園療養院兒童精神科，因為它離家最近，兒子很難帶出門，就醫的舟車勞頓是很大的折磨。

這看起來是不得不，但治療開始後，才知道是最對的選擇。因為距離近，才能持續；還因為我們遇到了陣容堅強的醫療團隊，從評估、診斷、確診，到一個星期一次的治療，這紮紮實實的過程，起了兩個很大的作用。一是讓一個徬徨的媽媽的心安了下來，知道自己不是孤單的在面對孩子的障礙，知道有固定的醫師、社工員、護理師可以讓我求助。現在回想起來會覺得孩子很幸運、自己很幸福。二是讓我重新認識孩子，了解孩子的特質，接受他真的沒辦法像正常孩子那樣，好好的吃飯、好好的穿衣服、好好的寫功課……

一個有障礙孩子的家庭，受影響的是所有家庭成員，孩子確實讓我耗盡心力，但不只如此，乖巧懂事的女兒，因為受家裡不佳的氛圍影響，頻繁地做惡夢、尿床；先生因職務加重，每天回家的時間，延後再延後，一直到孩子入睡以後。這些雪上加霜的問題在醫生眼裡，都與治療成效息息相關，於是女兒開始接受心理諮商，主治醫師也派了一個社工師陪伴我，讓我在崩潰邊緣時可以快速的找到人支持。

二十六年來，我、我的孩子、我的家庭，就是這樣接受桃療的治療和支持，現在仍然持續著。現在我的兒子，健康穩定的在一家教養機構「上班」（他喜歡這樣說）。我們家稱不上幸福美滿，但已經穩定得足以發揮家庭功能。而我退休後也有多出來的力氣，到青少年健康學園擔任義工，美其名是回饋桃療對我們的幫助，其實我自己清楚：靠近桃療，我的心就安定。

致詞過程，台下的記者來賓靜靜聽著，有那麼一個瞬間，我彷彿看到自己像從戰場歸來的士兵，浸沐在滿是恩寵的宮殿中。

未來的日子裡，不知道老天會再給出怎樣的難題，但回看半生淬鍊出來的這一身，知道自己沒有畏懼又滿懷謝意：

感謝自己，願意在每一個深深淺淺的步子中用力。

感謝兔兔，開啟我的眼我的心，讓我看到另一種人生風景。

感謝桃園療養院的醫護人員，在我被風雨打趴的時刻裡，扶起我，擦去爛泥，又推我向前行去。

後記

與兔兔有關的日常和對話，原是我記錄在臉書上的生活點滴。寫著寫著，有人感動，有人心疼，也有人說：「你應該把它寫下來。」「你的心態很正向，有身障孩子的家長會需要。」

「寫下來」成了我心頭的一件事。

但心裡同時有好幾個聲音：辛苦一趟就夠了，有必要再回看？人生百態，自己的這一態真值得化成文字？如果能對人有幫助，或讓更多人因而願意接納身障孩子，為什麼不寫？

終於還是寫了，儘管又是一段苦澀的旅程，再度哭了一回又一回。

梳理這三十多年來的經歷，在那依然清晰深刻的步痕裡，軟弱、勇敢、傷心、憤怒與堅持……，始終彼此交雜，相互掩映。

而今，稚弱混沌的兔兔，長成了偉岸男子；原本習慣依賴的少婦，從菟絲鍛練出鋼絲一般的意志。各種心喜、心酸、心疼，最終捋成了一條和解方巾，開始試著擦拭婚姻的、家庭的層層積垢，緩緩地，不期不待，平和就好。

三十多年，真是一條漫長且難行的路，幸好有許多助力在旁，陪著我們走到今天。

在此，我想牽著兔兔，謝謝書裡寫到的人的幫助，謝謝更多沒寫到的人的善待和陪伴。

謝謝好友曾淑美，當了我兩年的陪跑員。沒有她，我肯定早早放棄。

謝謝編輯蔡昀臻，挖掘我腹底所深藏的，造就一段淘洗歷程，治癒一個女人的心傷。

謝謝遠流出版，在書市萎縮的年代裡，猶願意幫一個素人出書。我想，不是為我，是一份大愛，是為更多散處社會各地、不被人看見、養育身障孩子、累著身體磨著心志苦撐的母親們，要讓她們知道自己並不孤單。

謝謝二哥李瑞騰、曾淑美、花媽卓惠珠、兔兔主治醫師陳美珠寫序，為這本書增色添重。但讓做很多大事的您們，讀一個媽媽與孩子的生活小事，我亦覺得赧愧。

國家圖書館出版品預行編目 (CIP) 資料

母愛有多難 : 她從多重障礙兒身上 , 看見更真實的自己 / 李換著 .
-- 初版 . -- 臺北市 : 遠流出版事業股份有限公司 , 2022.09
面 ; 公分
ISBN 978-957-32-9708-6(平裝)
1.CST: 母親 2.CST: 育兒 3.CST: 多重障礙

544.141 111012271

A5059

母愛有多難:她從多重障礙兒身上,看見更真實的自己

作者 / 李 換

主　　編　蔡昀臻
封面設計　Bianco Tsai
美術編輯　丘銳致
行銷企劃　叢昌瑜
總 編 輯　黃靜宜

發 行 人　王榮文
出版發行　遠流出版事業股份有限公司
地　　址　104005 台北市中山北路一段 11 號 13 樓
電　　話　(02) 2571-0297
傳　　真　(02) 2571-0197
郵政劃撥　0189456-1
著作權顧問　蕭雄淋律師
輸出印刷　中原造像股份有限公司
2022 年 9 月 1 日　初版一刷
定價 330 元

ISBN 978-957-32-9708-6
遠流博識網 http://www.ylib.com E-mail: ylib@ylib.com